以公共之名
当代美国的社会失范与反思

For Common Things
Irony, Trust, and Commitment in America Today

［美］杰迪代亚·珀迪（Jedediah Purdy） 著

张子男 译

图书在版编目（CIP）数据

以公共之名：当代美国的社会失范与反思 ／（美）
杰迪代亚·珀迪著；张子男译. — 北京：西苑出版社，
2024.5
书名原文：For Common Things:Irony,Trust,and
Commitment in America Today
ISBN 978-7-5151-0910-7

Ⅰ.①以… Ⅱ.①杰… ②张… Ⅲ.①社会问题-研
究-美国 Ⅳ.①D771.28

中国国家版本馆CIP数据核字(2024)第082562号

For Common Things: Irony, Trust, and Commitment in America Today
Copyright © 1999, 2000 by Jedediah Purdy
All rights reserved including the right of reproduction in whole or in part in any form.
This edition published by arrangement with Alfred A. Knopf, an imprint of The Knopf
Doubleday Publishing Group, a division of Penguin Random House LLC.
Simplified Chinese translation copyright © 2024 by Xi Yuan Publishing House, Beijing

著作权合同登记号 图字：01-2023-3012

以公共之名：当代美国的社会失范与反思
YI GONGGONG ZHI MING: DANGDAI MEIGUO DE SHEHUI SHIFAN YU FANSI

作　　者	[美]杰迪代亚·珀迪
译　　者	张子男
责任编辑	汪昊宇
责任校对	许　姗
责任印制	李仕杰
开　　本	880毫米×1230毫米　1/32
印　　张	7.75
字　　数	147千字
版　　次	2024年5月第1版
印　　次	2024年5月第1次印刷
印　　刷	三河市嘉科万达彩色印刷有限公司
书　　号	ISBN 978-7-5151-0910-7
定　　价	58.00元

出版发行	西苑出版社有限公司 北京市朝阳区利泽东二路3号　邮编：100102
发 行 部	(010) 84254364
编 辑 部	(010) 64214534
总 编 室	(010) 88636419
电子邮箱	xiyuanpub@163.com
法律顾问	北京植德律师事务所 17600603461

译者序

二十四年前，一名美国青年站在世纪之交的路口，回首过去，展望未来。他忧虑地看到美国文化和公共生活中的种种病症，向自己的读者发出诚恳而急切的呼吁，期盼在未来听到希望的回响。二十四年后，年近半百的大学教授笔耕不辍，却依然不能阻止一切向深渊坠落。历史在他的读者面前发出雄辩的证言，却也无情地把他早年的热切希望踩在脚下。

这名来自山区的青年叫作杰迪代亚·珀迪。他出生在美国西弗吉尼亚州阿巴拉契亚山区，十三岁以前在家学习。随后，他在菲利普斯埃克塞特学院和哈佛学院完成高中学习，并于1996年入选美国斐陶斐荣誉学会。这家成立于1776年的组织是美国最古老的大学生荣誉学会。1997年，他又成为"杜鲁门学者"。2001年，他从耶鲁大学法学院毕业。此时，珀迪已经出版了他人生中的第一部著作，也就是接下来我们会一起品读的这本书。

Common一词，在英语中有两种含义，一为"共享"，二为"司空见惯"。在珀迪笔下，两层意思交织在一起，为读者描绘出那些在日常生活中无处不在，却被我们视若无睹的重要事物。但在进入正题之前，年轻的珀迪先是写下了一段声情并茂的前言。在前言中，他从美国当时流行的"反讽"这一现象出发，深入剖析了为何这一现象在美国大行其道。他所说的"反讽"在中文语境下，更接近于一个十分接地气的词汇——阴阳怪气。不过，在英文语境中，"反讽"又多了一层幽默、成熟的意味。珀迪敏锐地从这个现象中注意到一种对世界和公共言论的不真诚，并将这一现象同美国当时的政治困境关联起来。在前言的最后，他笔锋一转，回到了自己生长的山区，描绘了自己和家人、邻居在农场和社区中的劳作。对他来说，这些美好的回忆，正是他要在人生中捍卫的。

天不遂人愿。在2016年美国总统大选辩论行将结束时，主持人曾要求希拉里·克林顿和唐纳德·特朗普分别表明对方身上一个值得尊敬的地方。希拉里表示自己只尊敬特朗普的孩子们，而特朗普则表示自己尊敬希拉里"努力"且"永不言弃"。两人彼此之间的阴阳怪气似乎是对珀迪担忧的遥远回声。在特朗普当选总统后，美国的公共生活

译者序

变得越发混乱且戏剧化,为世界增添了许多不安定的因素。时至今日,我们又看到在网络上出现了越来越多阴阳怪气的内容。他山之石,可以攻玉。珀迪对美国所做的"望闻问切",是否也能让今天的我们醍醐灌顶?答案就在书中。

本书分为六章。开篇分析了四类群体:反讽者;迷信者;自由职业者;数码精英。珀迪通过检视不同群体的世界观,指出这些群体的共性是对公共生活的逃避。在第二章中,本书展现了美国政治的失能以及大众对于政治的失望,并一针见血地批判了以克林顿为代表的虚伪政治秀。尽管充分理解政治在人民心目中的负面形象,珀迪依然请求读者不要丧失对公共生活本身的信心。他在第三章中探讨了公共领域和私人事务在美国文化中的关系,并借用了生态学上的"公地"概念来建立自己的框架。他在三重不同的层面讨论了"公域",分别是道德生态、社会生态和自然生态。通过三者错综复杂的紧密联系,这位年轻的大学生试图找出一种解决方案。他还对自然界给予了特别的关注。在第四章中,珀迪向读者展示了同前言中完全不同的另一番景象。阿巴拉契亚的古老山脉,正在因资本的贪婪而支离破碎。即使在一次又一次的灾难之后,煤炭公司依然肆无忌惮地破坏着环境。第五章的焦点则是其时方兴未艾的基因技术。珀迪表达了自己的忧思,试图在狂热的拥护者和死板的反对者之间找到一条不偏不倚的中道。最后，他简要地回顾了本书的内容，抒发了自己在痛苦中所怀有的希望。

本书在翻译过程中得到了珀迪教授的协助，在此谨向他表示敬意。苏泓睿先生对本书的细节提供了许多建议和意见，在此对他表示感谢。

张子男
2023 年 6 月 30 日于鲁汶

目 录

前　言　　　　　　　　　　/ 001

引　论　　　　　　　　　　/ 019

第一章　遁 世　　　　　　　/ 027
　　成长中的反讽　　　　　/ 035
　　渴望家园　　　　　　　/ 042
　　归乡捷径　　　　　　　/ 048

第二章　政治的失能　　　　 / 061
　　当下政治的面貌　　　　/ 067
　　在政治失能的境况中　　/ 070
　　治疗性政治　　　　　　/ 083
　　恢复公共领域　　　　　/ 092

第三章　公共实践　　　　　 / 101
　　公共匮乏　　　　　　　/ 107
　　适度依赖　　　　　　　/ 111
　　平凡的责任　　　　　　/ 119
　　责任与自由　　　　　　/ 132
　　走向公众　　　　　　　/ 137
　　合二为一　　　　　　　/ 139

第四章　土地法：政治选择与关注　/ 143
　　群山之死　/ 148
　　煤炭的力量　/ 151
　　法律之下的景观　/ 153
　　重塑法律　/ 157
　　煤炭的真实成本　/ 162
　　事情的本来面目　/ 164
　　法律与责任　/ 168

第五章　邻居与机器：技术与责任　/ 177
　　关于基因的思考　/ 184
　　通向至恶　/ 195
　　通过技术思考　/ 200

第六章　反讽与狂喜　/ 205
　　奉献的不安　/ 213
　　责任与尊严　/ 216
　　事物的充足性　/ 222

后　记　/ 229
原书参考书目　/ 235
致　谢　/ 240

前　言

未被道出的趋于空无。

　　　　　　—— 切斯瓦夫·米沃什

前　言

这本书是对一个充满反讽①的时代所做出的回应。幽默的反讽已经成为我们老练而善于处世的标志。一个阴阳怪气的人在言谈和行为举止上都避免了所有天真幼稚的表现，无论是忠心、信仰还是希望。他巧妙地抗议着他所说的话、所做的手势和表现出的行为之中的不足之处。通过语调、面部表情和身体动作的变化，他表明自己完全清楚在哪些方面别人把他看作愚蠢或幼稚的，而他自己甚至也这么看。他的戒心是对语言本身的不信任。他拒绝承认自

---

① 作者使用的 irony 一词基本含义为反讽，它是一种用来表达同文字含义相反内容的修辞手法。根据韦氏词典，irony 又可用于表达文字内容、文学风格和生活方式。"反讽"一词在中文中较为正式，含义较英文更窄。结合语境，译者在书中对相关术语使用了不同的译法。当作者在行文中采取批判的态度时，通常将 irony 译为"阴阳怪气"。（如无特殊标注，本书所有脚注均为译者注。）

己的话语。作为对这一切的回应，这本书是一个恳求，恳求大家去重视宣告脆弱希望的价值。一种观点认为，希望正是因为其脆弱性而不可或缺，而这允许我们忽视这些希望的鲁莽和贫乏。我的写作目的是严肃对待我们的压抑，并探询我们需要什么来克服它来真诚地谈论那些不确定的希望。

要做到这一点，就需要理解当今的反讽。反讽中包含了一些恐惧，那是对背叛、失望和羞辱的恐惧。与此同时，还有一种疑虑：如果过度相信、希望或关心某些事物，会让我们对这一切伤害空门大开。反讽正是一种拒绝这些可能背弃我们之物的方法。然而，反讽中也包含了一些洞见，让我们有时候必须去思考这些讽刺者是否是正确的。他们表达了一种感受，即世界已经变得老旧、乏味而贫瘠，而人们理所当然地厌倦了这一切。没有什么能够使我们欣喜、感动、灵光乍现或寒毛直竖，甚至没有什么让我们感到微微一惊。我们今日所遇到的一切都不过是翻拍、重映、翻版或重播。眼所未见时我们就了然于胸，因为我们早已将千山看遍。

是什么让我们的世界如此疲惫？首先，我们都具有精致的自我意识。环顾四周，我们看到商业广告嘲弄着广告本身的概念，情景喜剧拿自身开涮，而形象顾问详细介绍

前言

了将人的个性作为产品来进行设计和营销的技术。我们无法拥有任何私密的时刻,也没有任何独属于自己的话语,无论是爱语、同情还是谴责,都已经在大屏幕上被无数人看过。我们无法谈论赔偿或道歉,而装作不知道这些话已经被政客们用于自私自利的,乃至几乎道德上有伤风化的用途。[1] 即使我们同大自然独处,比如在乡间小道上骑车或于崎岖山路上徒步时,我们这些不情愿的反讽主义者也意识到,我们在此情此景中的乐趣已经被无数的里昂·比恩[2] 产品目录、安塞尔·亚当斯[3] 日历和那些描述荒原或田园生活的广告所预见。因此,我们在我们的言语和思想中,都感觉到一种不真实感。它们是肤浅的,属于其他人和其他

---

[1] 原文所使用的 cynical 一词,常见译法为"愤世嫉俗的"或"讥讽的"。这是由于其词源是古希腊的犬儒学派。该学派信奉人应当摒弃传统规范和名利欲望,转而过一种朴素而幸福的生活。传统上相信该学派创始人是古希腊哲学家苏格拉底的弟子安提斯泰尼。然而,这一含义同语境中的政客似乎无关。根据韦氏词典,名词 cynic 还可以指代相信人的行为完全出于自己个人利益的人。

[2] 里昂·比恩(L.L.Bean)公司是美国户外用品公司,创始于1912年。该公司以其退货政策闻名,广泛出现在美国的流行文化中。

[3] 安塞尔·亚当斯(1902—1984)是美国风景摄影师,以拍摄美国西部的黑白风景照著称。他终生都是环境保护的倡导者,1980年获得总统自由勋章。他生前授权利特尔&布朗出版社使用他拍摄的照片来制作年历,以确保他的艺术遗产和环保愿景的延续。

005

各种目的；它们不属于我们自己，也许根本就没有什么属于我们自己。反讽的态度所表达的正是这种感受，以及不愿把我们的希望寄托在他人舞台上的愿望。

　　反讽也在回应其他事物。在过去大约二十五年中，政治已经变为死气沉沉的想象。它再也不是道德和历史正剧的舞台。它看起来已经变得琐碎、乏味而狭隘。如果政治在最近①几十年间没有那么重要，这种变化也将是无关紧要的。然而，两百多年来，政治一直是灵感和目标的伟大泉源之一，塑造了许多人的生活。从法国大革命的激进阶段②开始，政治就承诺可以从根本上改变人类的困境。基于这个承诺，政治可以消除历史上积累下来的所有愚蠢、残酷和疯狂，并以公平和人道的安排取而代之，让人们首次按照天赋的自由来生活。无论是雄心勃勃、震撼世界的

---

①　本书创作于1991年。——编者注

②　法国大革命的激进阶段，通常以1792年8月10日攻占杜伊勒里宫开始，至1794年7月27日热月政变结束。在这一阶段，君主立宪派失势，法国先后由吉伦特派和雅各宾派统治。国王路易十六于1793年被处死。欧洲各君主国组成第一次反法同盟进行干涉，但被法国革命军击退。在此期间，民众渐渐反感雅各宾派的恐怖统治，及统治集团的内部分化，最终导致雅各宾专政的垮台。罗伯斯庇尔等人被处决。其后执政的国民公会和督政府都未能解决法国所面临的一系列内忧外患，最终促成了拿破仑·波拿巴的崛起。

前　言

革命者，还是英美十字军式的改革家，都将政治视作男男女女撬动历史杠杆的支点。他们只需要一个坚实的立足点，就能实现阿基米德的夸口①并改变世界。这一非凡的承诺吸引了那些最有能力且最需要希望的人。他们对苦难和残酷最敏感，并无比强烈地想要做斗争。政治是让那些最敏锐地意识到应然的人将道德真理转化为历史现实的手段。在近两个世纪，对许多人来说，政治实际上取代了宗教的地位。它为许多人的生命赋予了目的。它那改天换地的目标承载着救赎的诺言，应许给整个社会，也应许给为改变社会而奋斗的个人，应许给他们所付出的劳苦。政治成了一条道路——通向鞠躬尽瘁，通向英雄主义，通向超凡入圣。

因为它的野心如此高深远大，所以政治提出了一些让严肃的人无法回避的问题。政治许诺（有时是威胁）要解决一系列问题：生活在怎样的国家，成为怎样的人，怎样工作，甚至是怎样恋爱。德国作家托马斯·曼②表达的看法引发了广泛的共鸣，尽管人们有时不情不愿地，有时则是

---

① 传闻阿基米德有一句名言："给我一个支点，我将撬动地球。"
② 托马斯·曼（1875—1955），德国作家，其代表作为《布登勃洛克一家》《魔山》，1929年获诺贝尔文学奖。他公开反对纳粹政府，流亡美国。作者所引为名句，威廉·巴特勒·叶芝曾在晚年的《政治》一诗的开头引用此句。

热情地赞同他。他写道:"在我们这个时代,人类命运的问题以政治的形式呈现。"不承认这一真理,就意味着回避时代的主要话题。

所有这一切现在都已经消失得无影无踪,甚至很难再被记起。如果说恳切地谈论个人事务已经很困难,那么恳切地谈论公共议题似乎就显得不正常了:这不仅是天真,而且是居心不良。这是因为政治如今被看作谎言和险恶用心的专属领域。此外,人们认为每个人都能看透这些言辞,让言论背后的动机就像寓言故事中穿新衣的皇帝一般显而易见。公共生活呈现出一种仪式感,但这仪式仿佛来自一个迟暮衰颓的信仰,只能以老旧的祷文进行:再没有其他赞美诗可用,人们也对机械的言辞漠不关心。

我们在私人领域中的戒心和政治在公共领域中的衰败正是这种阴阳怪气的源泉。我在本书中尝试理解这些原因,来描述和诊断当下的种种阴阳怪气。这也是前两章的关切所在。本书的其余部分则试图表达一个对我来说至关重要而不容忽略的希望。我不认为铺天盖地的阴阳怪气能使我们相信没有任何事情真实不虚地属于我们自己。我们相信,当我们卸下心防时,仍然有些事情值得我们信任,有些人值得我们关心,有些话值得我们认真诉说。反讽使我们对自己的信仰保持着警惕和羞耻感。我们不希望我们所信任

前 言

的事物被揭穿、贬低、摧毁，我们也不确定在一个下意识地怀疑一切的时代里，这些事物是否可以安全地暴露在光天化日之下。我们更不能容忍它们可能被轻视，成为广告或者电影对话，乃至个人对话中的段子。通过含而不露的情感和那些隐隐约约触犯禁忌的思想，我们把最宝贵的希望保护在黑暗中。

我个人相信这些想法的现实意义十分重大，我们不能将它们隐藏起来。它们对我们来说太过重要，以至于在我们的行为中根本无法表现出"我们已经长大了，再也不相信这些了"之类的说辞。既然这些想法是真实的，那么除非我们对它们视而不见，否则它们绝对不会是脆弱的。测试这些观念真实性的唯一方法，同时也是支撑它们的最佳方法，就是将它们带入现实世界，思考并付诸行动。

对我来说，谈论这些事情就需要写到西弗吉尼亚州①。

---

① 西弗吉尼亚州，位于美国东部，原属十三殖民地中的弗吉尼亚殖民地。南北战争期间，弗吉尼亚州加入南方的美利坚同盟国，而其西北部地区由于生产生活方式不同，从同盟国中分离出来。1863年，西弗吉尼亚被接纳为美国的第35个州。该州是美国重要的煤炭产地，在内战后高速发展。但随着石油的普及和制造业向其他国家转移，西弗吉尼亚州经历了严重的衰落。从"大萧条"到20世纪90年代，该州由于工会运动长期支持民主党；自90年代起，该州转而支持共和党，被视为"深红州"之一。

在阿巴拉契亚山脉崎岖的山麓上，有一个小小的农场。在那里，我出生，我长大。在那里，我第一次知晓那些我确信为真、值得信赖并且独属于我的事物。那个地方仍然是我对这些事物怀有希望的源泉，也是我对它们的信心所在。我不可能谈论那些事物而不谈论我的故乡。1974年，也就是我出生的那一年，我的父母来到了西弗吉尼亚。他们想要过一种简朴的生活，尽可能地种植自己的食物，尽可能地干自己的活，并将实在无法自己完成的事情交给志同道合的邻居一同分担。我的父亲曾经对我说过，他们打算"挑选世界上的一个小角落，使它尽可能地井井有条"。在宽阔的山谷中，一片凹凸不平的碗状区域里，他们选择了一块一百多英亩①的土地，大部分是陡峭、被侵蚀的牧场和次生橡树林②。山谷的一侧十分陡峭，上覆森林；另一侧较为平缓，像草地一般开阔。在山谷的尽头，山坡收拢成一条狭窄的小道。我们的小溪在那里跃入瀑布，我们的土路紧贴山坡。现在，我们的家园还在那里，土地没有改变；

---

① 英亩，英美制面积单位，1英亩约等于4046.86平方米。为保留原书表述风格和整体体例，本书沿用此单位用法。——编者注

② 次生林，天然林的一种，是指在原始森林被自然或人力破坏后，经自然复育形成的新森林。次生林同人造林的区别是没有经过人工种植。

前 言

但我是在谈论我的过去,谈论我生命的开始。

我们的父母在家里教育我和妹妹。或者更确切地说,我们是"在家上学"的。但实际上,父母做了更激进的事情,他们让我们自由自在地学习:没有考试、没有课程计划、没有作业。我们不区分暑假和学年,区别它们的唯一标志是硬化路面上出现的黄色校车。当我们在尘土飞扬的车道上走过几百码①时,就可以看到它们驶过。我们用棍子、鹅卵石、旧衣服、涂在我们赤裸身体上的泥巴和插在我妹妹头发上的野花,玩了数不胜数的游戏。在被要求时,或者感到有意思的时候,我们与父母一起工作:挖土豆,饲养我父亲用于犁地、割草和伐木的贝尔修伦马②并给它们梳毛,牧放奶牛和肉牛。我们像加入儿童游戏一样乐于"参与"成人谈话,虽然更多时候只是被大人欢迎旁听而已。

虽然没有像在校园里那样精准地学习,但我们不断地阅读,在一个不断扩大的领域中跳跃着阅读各种不同的话题,每一个被解答的问题又会引发出一打相互关联的问题,

---

① 码,英美制长度单位,1 码约等于 0.914 米。——编者注
② 贝尔修伦马,一种起源于法国西部的挽马,祖先为阿拉伯马。该马以聪明温顺、耐受力高著称,是重要的农业用马。在美国,这种马的平均重量高达 860 千克。

从而激发更深层次的好奇心。如果用一张地图来描述我们的学习内容，那么它看起来一定像我在一天天的漫游中绘制的地形素描：每一个新发现的山脊都会带我进入五个未探索的山谷，而这些山谷的溪流则会将我带回更广阔的山谷，然后再回到其他山脊。因此，一个地方的图景来自多年累积的小规模探索。

我们不知道大多数人认为的理所当然的区别，但后来我们学会了期待这些区别。成年人和孩子之间几乎没有分界线。我把农民爷爷、像我父母一样的成年自耕农和其他孩子同等地视为我的朋友。长者们认真地对待我们这些孩子，我们学会以同样方式接近他们和彼此。家庭和学校之间的界限模糊到无法区分，工作和学习也是一样。家是工作的场所，而我们和父母所做的看得见摸得着的工作也都是在致力于建立和维护我们的家园。家也是社区和政治生活的场所。在那里，我们的食品采购合作社召开会议；邻居们聚集在啤酒箱周围，在一次长时间的勇敢木工活动中挂起了我们木框架房屋的梁架；在我母亲第一次竞选县学校董事会失败后，我们在那里涂上标语并召开紧急会议，随后她成功当选。

为什么描述我自己在西弗吉尼亚州的经历是非常重要的事？一个原因是这种经历是对信任能力的锻炼：父母相

信他们的孩子会愿意并且有能力在没有教室或教科书的情况下学习，尽管专家们警告他们不要这样做；相信一个边缘地区、一小片土地和一个古怪的社区会教给两个孩子足够多的事并让他们满意；而他们——我们的父母，可以适应新的工作方式，学习适应新环境的各种技能，并且学得很好。

那段时间，我们清楚地知道我们所依赖的东西，那些我们无法离开的东西：雨水填满了泉水池，而一旦缺乏雨水，我们就无法淋浴、洗衣；阳光晒干新割的干草，而一场雷暴就能毁掉这些干草；天然气是从陡坡上的井中输送的，给我们的炉灶和暖气提供燃料，但在一些寒冷的冬夜管道会结冰；在夜晚结冰、白天冰块消融的时节，糖枫树流出甜蜜而清澈的树汁，被我们煮成糖浆；还有那些小牛，我们曾给它们取名，目睹它们成长，然后在寒冷的冬天把它们屠宰和清洗，以备下一年的食物。通过这一切，西弗吉尼亚州代表了对事物真实性的完全信赖。我在山坡上挖过一个天然泉眼，填满了过滤砾石，并在它和我们的房子之间挖了一个超过一百码长的管道。我在枫树上钻过孔，用来提取汁液。虽然在我们宰杀牛时我从未扣动过扳机，但我帮忙清理了一些我曾经起过名字的牛。当谈论这些事情时，我们可以自信地断言我们所说的一切基于我们共同认识的事实。也许正因为我们的很多谈话都与这些确定无疑的事物有关,所以西弗吉尼亚州并不是充满阴阳怪气的地方。我们很少谈论信任、希望或依赖,但一切都遍布在生活中,以至于无须明确说出来。它们会与我们提到的事物紧密相连。

我的成长经历融合了几个世纪的不同元素,其中既包含了古老的美国田园牧歌的成分,也随着光阴的流转而日新月异。离开那段岁月以后,我从未放下一种疏离感,一种独在异乡为异客的感觉——不仅仅是另一个地方,在某种程度上也是另一段时光,另一种生活方式。无论我身在何处,我都是一名游子。我乐于参与一切,但从未完全成为隶属其中的一分子。我内心深处总是同另一个地方有着千丝万缕的联系。我越是置身于这些新的人、地、事物之中,我就越不完全属于那个离经叛道而一去不复返的阿巴拉契亚童年。这就是我为什么在谈论今天的美国之前,首先要谈一下我的成长经历。从某些方面来说,我的西弗吉尼亚州经历是不同寻常的。另一方面,我认为这也是一种典型。我们当中的许多人,无论是字面意义上还是象征性地,来自多个地方。我们被不同种类的忠诚和追求所塑造。对我们来说,我们经常会发现自己悄悄地捍卫着我们过去的一部分,不让它被我们截然不同的当下境况所改变;我

前言

们或明或暗地借助过去的经历，让我们能够以部分独属于自己的方式度过当下。更具体地说，每个人几乎都有着类似西弗吉尼亚州留给我的那些经历和回忆。它们使我们确信或至少防止我们完全放弃信任的可能性和对现实的信心。我认为，如果不去明确地命名它们、描述它们、试图展示它们的特点，我就无法以明智的方式谈论这些事情。而要做到这一点，我就必须说出我自己所了解并仍然怀念着的事物，以确保表达的力度和准确性。

这本书的重点有两个方面。第一，许多我们通常没有意识到的事物可能值得我们去相信和盼望。第二，如果我们关心某些事物，我们就必须在诚实地捍卫它们时抱有一些希望。我们最重视的东西，无论是公开表达出来的还是在心中默默珍视的，是明确意识到的还是稀里糊涂地被奉若至宝的，有相当一部分必然是共同的。这些事物影响着所有人，我们只能共同保护或忽视它们。但归根结底，我们无法独自拥有它们。要保卫这个理念就意味着抵制语言贬值。造成语言贬值的原因有两个：一是对于语言不加思考地滥用；二是商业广告和政治那复杂而自私自利的操纵。这些用法使得语言变成了仅仅为了满足使用者的需求而使用的工具——赚取销售额、博得同情和选票，等等。它们还侵蚀了我们对语言所抱有的信念，即语言可以让我们更接近事物，并帮助我们更加关注它们。

回应是努力用话语表达一种始于内心深处的希望，相信会有其他人说："是的，你并不孤独。"这也许就是情书的使命，尽管它在今天不再流行。这样的信将某种微妙而亲密的东西带入了共同的视野中。展露这一切的风险令人害怕，但它是必要的，因为人与人之间的爱是无法孤立存在的。如果爱情想要鲜活，那么它必须成为共同的事。因此，情书需要勇气，一种把自己押在很可能一无所获的希望表达上的勇气。它们也表明一种对重要性的体认。某些可能性，无论概率多么渺茫，都是如此重要，以至于不能不承认它们。

我写这本书同样有两个原因：一是为了让我不会忘记我现在的希望，二是为了其他人可能会从书中明了他们也怀着同样的希望。这样一来，这将是我们把那些独属于个人或者若隐若现地潜藏着的希望和信任转化为共同之物的开始。我认为其中一些如果要保持存在，就必须先成为共同的。

我们如今生活在一种政治的失望废墟之中，这种政治曾经希望以根本性的方式改变人类的困境，但其希望已经转化为沉重的幻灭。我们很难再相信语言和思考，尽管我们本可能用它们来试图理解我们的处境。我们已经抛弃了虚幻的希望，陷入了对现实漠不关心和不信任的绝望状态之中。我们现在可以期望的是一种能够以关注和关怀的方式应对自身境遇的文化，以及一种作为对共同事物更广泛的责任的一部分，将细致的关注转化为关爱的实践政治。

我写这本书的目的是邀请人们将注意力转向至关重要却被忽视的事物，并就这种重新关注可能采取的形式提出建议。这是年轻人对世界可能性所写的情书，希望其他人能在这封情书中认识到自己的渴望并做出回应。我不禁相信，我们需要一种思维以及行动的方式，这种方式要比现在所遵循的方式更有希望实现。我希望为这种信念振臂一呼，希望能得到回应。

作者杰迪代亚·珀迪 (Jedediah Purdy)
照片由 Knopf 提供

引 论

致我的家庭

致我所有的老师

"相信自己,"拉尔夫·沃尔多·爱默生在《自立》一书中写道,"坚持自己,永不模仿。"对爱默生来说,相信和坚持做自己的可能性是美国的承诺。遍观历史,无数人曾经在权威和传统前俯首叩拜,相信教给他们的一切,按照所受的指导行事,顺从地度过一生。现在,他宣称:"谁要想成为一个人,就必须成为一个不墨守成规的人。"每个人都有责任塑造自己的生活,通过创造和探索的结合实现亨利·大卫·梭罗所说的"与宇宙建立一种独特的关系"。爱默生敦促美国成为某种全然新颖的国度——一个由不墨守成规者组成的国家。在无情的独创性中,"最终将存在一个由人组成的国家,因为每个人都相信自己受到了神圣灵魂的启发,这个灵魂也启发着所有人"。

阿历克西·德·托克维尔也相信美国人代表着在世界上出现的一种新事物,并且他们身上有爱默生的精神。历史上的很多其他民族都在权威与顺从、特权与责任构成的等级制度中生活。大多数人生来就被安排好了位置。他们深知这一点，终其一生都在努力胜任自己的位置。然而在美国，每个白人几乎本能地相信自己和其他人一样好、一样有价值、一样充满无限可能。典型的美国人绝不会是安分守己的。美国人的标志正是对自己未来的归宿深深地抱有一种充满希望的不确定性：他可能成为参议员或小贩，可能成为富有的商人或街头醉汉。但无论他最终落脚在哪里，他将凭借自己的努力和运气达到那个目标。

托克维尔立刻注意到了爱默生的言论中存在一个悖论：美国的经验并不始于自信，而是始于一种由不确定性产生的自信和焦虑的奇特混合。当人们认为没有任何理由可以阻止任何人不去追求独特性时，对缺乏独特性的怀疑就会变得普遍而纠缠不休。在任何人都可能变得家财万贯、有权有势的地方，每个人都不禁开始怀疑起来：争取财富和权力，是否是一种义务？这样一来，每个人的生活都在失败的阴影下度过，因为失败意味着平平无奇的日常生活；而在一个坚定追求非凡之路的国家，普通的日常生活也投下巨大的阴影。如果说作为国家，美国充满无限的希望，那么作为个体的美国人则只有无尽的不安。

与此同时，美国人对平等的信念在文化和知识生活中造成了一种根本性改变：它废除了权威。任何一个美国人的观点，都和其他人的一样有价值。就像对无限可能性的信念一样，对平等权威的坚信也产生了一个悖论：与其说它解放了关于思想、政治和艺术的辩论，不如说它使一切都变得平淡无趣。这种"每个人的观点同样有价值"的观念，乍看之下似乎打开了一场自由辩论和探索的大门。然而，如果我们仔细观察，就发现这意味着美国人不愿认真听取任何人的意见：为什么要听他说？难道他比其他人都懂得更多？与其说人们融入了一种新式平等主义的公共生活，不如说他们倾向于闭上嘴巴，捂住耳朵，将注意力转向某些具体的事情，比如赚钱。

因此，美国的特征是一场新的运动。在经济生活中以及在争夺社会声望和政治权力这方面，这个新生的国家不断处于运动之中，忙乱无序地争夺着永远不够满足贪欲的商品。然而，在文化领域、知识生活和对公共事务的严肃讨论中，美国却表现出奇怪的一成不变。我们看到一种心理上的惰性，不相信那种讨论是否真的值得进行。因此，美国既处在不断的动荡中，又存在令人不安的静止。

托克维尔所描述的美国人是奇特而全新的生物，也是欧洲未来的矛盾预兆，但那与当下的我们有什么关系呢？我认为答案是：一切都与我们相关。尽管我们被财富所淹没，但还是会为必须努力拿到属于自己的那一份而担忧。我们理解的成功是一种几乎超脱尘世的繁荣和安全，对失败的看法则是大多数人实际上正在过着的平凡生活。我们不断地行动，却几乎无法感到满足。今天我们主要的文化特质正是托克维尔所观察到的那种固执的怀疑主义。我们在实践中表现出一种反讽的形式，对使我们认真对待他人的品质持怀疑态度：健全的人格、真诚的动机，以及那些并不仅仅是欲望或恐惧的观点。我们对希望保持警惕，因为我们很少能看到支撑希望的东西。"见人只说三分话，不可全抛一片心"的理念中带有模糊的自豪感，而坚定的信仰看上去有令人尴尬的幼稚。最后，我们的幻想——那些我们最愿意去寄托信任的想法，有时我们也会这样做——仍然展现了爱默生的精神（尽管并不是这一精神的最佳体现）。我们想象出一种完美的自给自足，无须其他人的帮助就可以过完整的生活。我们仍然寻求某种与宇宙的独特的关系，尽管我们追求这种状态的方式常常是古怪而难以令人信服的。我们用从其他地方不劳而获的自信代替神圣的灵魂；面对乏味而遥不可及的文化世界，我们以对彼岸的坚定信仰来回应：我们相信守护天使和其他超自然的盟友，他们的存在向我们保证了宇宙不是不可理解的。

我们一切的不安、反讽和幻想都是一个特有的美国问题的组成部分：对我们的力量、局限和需求的混乱评估使我们对最不可或缺的需求之一——公共生活——变得漠不关心。通过这本书，我希望对欲望、恐惧以及文化如何影响我们提出一些有启发性并可能有用的东西。我认为，当退出公共生活时，我们陷入了对自己力量的夸大或虚幻盟友的幻想之中。我认为这种退却是不必要的错误。无论是为了爱默生当年的希望，还是为了自身截然不同的处境，我们都可以做到更好。

第一章

遁 世

万事皆辛劳,无人能尽言:眼看,看不够;耳听,听不饱。往昔所有,将会再有;昔日所行,将会再行;太阳之下决无新事。

——《训道篇》1: 8—9

第一章 遁 世

在某些人物身上，汇聚着一个时代的信念、抱负和疑虑。今天，每个人都会遇到并且必须应对的态度是反讽。这正是喜剧演员杰瑞·宋飞①的姿态。在1998年，他离开电视荧屏的消息登上了《纽约时报》头版。《宋飞正传》这个节目的结束似乎毫不重要：不是因为宋飞本人不重要，而是因为这个节目完美地反映了我们文化的基调，以至于每周新增的半小时节目成功地实现了冗余。就像威

---

① 杰瑞·宋飞（1954— ），美国知名喜剧演员，代表作品是《宋飞正传》。他在剧中扮演自己。

斯坦·休·奥登①挽歌中的威廉·巴特勒·叶芝②一样，宋飞与他的粉丝们成为一体。在每个人身上，都有一些他的影子。

因为他是反讽的化身。他通过超然而疏离的态度变得自主，他的不忠由于过于模糊而不可能被认为是背叛。他在辨识那些造就自己的浮夸浅薄上是无与伦比的。反讽的要点是默默地拒绝相信关系的深度、动机的真诚性或言论的真实性，特别是那些热切的话语。面对我们每个人都怀着一个努力表达真正自我的浪漫想法，讽刺家们提出了质疑：我们只有量子自我，不断自旋③，不断向下。对这些不确定的潮流的反讽是一种热切的默许。这使得讽刺家与更严肃且广为人知的犬儒主义者有所区别。愤世嫉俗的犬儒

---

① 威斯坦·休·奥登（1907—1973），英语世界著名诗人。他出生于英国，于1939年移居美国，后获得美国国籍。1939年，叶芝去世，同年奥登写下《悼念叶芝》三首，被视为现代文学中的杰出挽歌。在第一首悼亡诗的第三节，奥登写道："他的感觉之流渐渐虚弱：他变成了他的仰慕者。"在奥登的想象中，叶芝的肉身死去，转化为倾慕者眼中的形象，并与被围攻的城市融为一体。作者化用了这一诗句，指出宋飞像叶芝一样，同他的"粉丝"们及时代合一。

② 威廉·巴特勒·叶芝（1865—1939），爱尔兰著名诗人、剧作家、政治家，20世纪最伟大的诗人之一。1923年获诺贝尔文学奖。他的代表作包括《凯尔特的薄暮》《塔楼》等。

③ 自旋（spin）是量子力学中粒子本身具有的性质。

第一章 遁 世

主义者心中往往怀有一种自我优越感，会待在家中谴责幼稚和轻浮的派对客。讽刺家则会去参加聚会。尽管他们不会完全融入其中，却能说出当晚最好的笑话。一个没完没了的笑话贯穿在整个反讽文化中，并不嘲弄任何人，而是嘲弄任何可能会认真对待整个事件的想法。

这种反讽并不在每个地方都占主导地位，甚至很难说它占主导地位。它在熟知媒体的年轻人当中最常见。在学校待得越长，学校越好，就越容易变得阴阳怪气。这也是为什么在纽约和好莱坞这种充斥着大量常春藤精英的地方，产生了一种充满讽刺的流行文化。但即使在这种阴阳怪气的态度最普遍的地方，大多数人在工作场所、自家公寓以及与父母或伴侣的谈话中都会不停转换反讽和严肃认真的语气。不过，这种语言风格还是随处可见，在三十五岁以下的人中，很少有人不参与其中。阴阳怪气的态度在流行文化中最普遍。卡尔·马克思曾说："一切重大的世界历史事变和人物，一般地说都会出现两次，第一次是作为悲剧，第二次是作为笑剧。"① 这句话以前并没有太多用处，只被用来指责所谓的第二次参与者，现在却焕发出了新的活力。编剧们将自己的档案库转化为讽刺的资源，这在由《周六

---

① 本句出自马克思在1852年所写的时评《路易·波拿巴的雾月十八日》，"悲剧"是指拿破仑一世，"笑剧"是指拿破仑三世。

夜现场》改编的电影《反斗智多星》①中得以体现。《反斗智多星》是流行文化的大杂烩，大部分来自20世纪70年代，其中重金属音乐歌词与情景喜剧和卡通片的角色、口号混合在一起。几年后，MTV（美国音乐电视频道）推出了卡通影片《瘪四与大头蛋》②，主角是两个与片名同名的反英雄，他们的主要活动就是观看MTV，并巧妙地嘲弄它那过度性感的视频和夸张的情节。如今，无论是喜剧还是广告，观众都被邀请加入电视编剧的行列，庆祝他们比电视编剧更聪明。

我们不仅仅在看别人阴阳怪气，我们自己也在这么做。虽然没有一种简单的文化或子文化可以用来描述它，但这种态度已经渗透到我们的思想和行为中。一个阴阳怪气的人有点像没有脚本的宋飞：戏谑自如，熟知典故，以及几乎病态地明了自己的所作所为。他的话语所蕴含的含义总是显而易见的。就像《反斗智多星》中的角色一样，我们发现自己所说的话落入了一张并非由我们自己编织的

---

① 《反斗智多星》是1992年的美国喜剧电影，主要讲述了韦恩·坎贝尔与好友加思·阿尔加定期在地下室制作一档名为"韦恩的世界"的节目，吸引了导演本杰明的注意，本杰明让他们登上大屏幕之后的一系列故事。

② 《瘪四与大头蛋》由麦克·贾治编剧执导，是一部带有很多成人话题的卡通影片。

第一章 遁 世

大网中：从它们在《脱线家族》①中的历史呈现到克林顿总统对这些话的运用，再到它们在流行的灵性书籍中的作用。在最重要的时刻，我们处于一个文化回音室中。无处不在的电视名人、假正经的政治声明和流行的灵性主义的综合效应，几乎使任何人都觉得重要的事变成了陈词滥调。不仅仅是我们的言语，就连我们的行为和感知也经历了同样的转变。我们怀疑我们的感受，甚至是我们认为最私密的感受，在我们表达之前就已经变得老套了，有时甚至是在我们经历之前。关于浪漫关系，我们都知道来自《爱情故事》②的完美求爱场景，以及对浪漫喜剧的讽刺作品中那些对同一场景的嘲弄和讽刺。我们对原始的完美求爱场景进行了讽刺式再现，使得完美本身成了笑柄。手牵手走在一起时，我们在放映机前投下阴影。我们模仿编剧的话语和香水广告的节奏，模仿着成千上万个精心设计充满"自然而然的喜悦"的形象。我们清醒地意识到这一切，但我们无法逃离它的影响。

---

① 《脱线家族》是1995年由贝蒂·托马斯执导的喜剧片，谢莉·朗、盖瑞·科尔等主演，主要讲述了布雷迪（Brady）一家的故事。

② 《爱情故事》是一部于1970年上映的美国爱情电影，由阿瑟·希勒执导，主要讲述了富家子弟奥列弗和普通女孩詹妮弗之间的爱情故事。该片在美国电影协会百大爱情片中排名第九。

独特的时刻似乎已经变得不可能，但没关系，即便独特性本身也变得微不足道。这一运动的高潮是苹果电脑公司数量激增的广告牌，上面印着一个个天选之人的黑白沉思照，呼吁每个人都要"非同凡想"①。这种效仿天才的劝告本应只适用于原创、非派生和无法模仿的思想或创作，因此会让那些还没有做好准备接受它的人感到困惑。多年来，我们不断接触到有关生命中独特时刻的理想化刻画：坠入爱河、步入婚姻殿堂、做爱、与疏远的父亲重逢、向年迈的祖父告别等。这些刻画出现在电影、电视和广告中，就是为了利用这些亲密时刻的动人力量。但它们是亲密关系的寄生虫。随着我们成为更老练的观众，我们也变得更加世故地审视自己的言行。我们不再能够从公共领域中那些矫揉造作的时刻里看到独特的意义，而是开始怀疑话语和私人生活的重要性。我们只能被敦促去模仿天才，因为我们并不完全相信这一套。我们已经知道得太多了，无法再认为自己或任何人是独一无二的。这不是一个结论，而

---

① "非同凡想"是苹果电脑公司（现苹果公司）在1997—2002年间使用的广告标语，被视为广告营销史上的经典。一分钟的电视广告以十七位20世纪标志性人物的黑白镜头为特色，包括爱因斯坦、鲍勃·涤纶、拳王阿里、圣雄甘地等。在三十秒的短版广告中，出现了十七人中的十一人，并以宋飞结束。这个版本只在《宋飞正传》系列大结局期间播出过一次。

第一章 遁 世

是一种令人不安的怀疑,即总是在怀疑我们说出的每一句话或心中每一个情感冲动都是些陈词滥调。在面临陈词滥调和沉默之间的选择时,阴阳怪气的人会在更严肃的时刻提供一系列免责声明:有时是明确的,但更多时候是通过手势或语气传达。即使他依赖这些话,他也要表明这些句子的不足。在更加轻松的时刻,他狂欢于陈词滥调,给人的印象正如经常被报道的那般,即今天的年轻人说的话几乎只是流行文化的融合、老歌歌词的只言片语和在最庄严的时刻爆发的笑声。

成长中的反讽

阴阳怪气的动力来自一种怀疑,即一切事物都不过是衍生品。它产生了一种判断(或者是打赌)的方式,用来判断世界将支持怎样的一种希望的愿景。杰瑞·宋飞的立场是通过拒绝强烈认同任何项目、关系或愿望来抵制可能的失望或失败。只要对政治和公共生活抱着一种阴阳怪气的态度,就永远不会因为社会运动的衰落或领导人的丑闻而失望。这种态度带来一种安全感,但它是一种永远在怀疑的消极的安全感。我们为什么会这么不信任某些事物,以至于我们竟敢轻视它们呢？我们不相信自己承受失望的能力。只要我们还在阴阳怪气，我们就不会被当成被愚弄的傻瓜。阴阳怪气的人最害怕的是，到头来发现自己的大部分时间都押在了虚假的希望上——可能是个人的，也可能是政治的，或是两者兼而有之。

这种态度部分是对上一代人过度行为的反应。三十五岁以下的人习惯性地将自己父辈当年的所作所为视为既幼稚又不负责任，且经常因这些小缺点受到指责。《X世代》一书的作者道格拉斯·柯普兰[①]将他笔下主人公的父母——"充其量是无知，往坏里说是狂野的瘾君子"描述为某种天真的受害者，而我们的讽刺家决心不再回头去重温那种天真。最近的民意调查显示，大学新生的理想抱负比以往任何时候都要少，但对赚钱的渴望却更多。这并不是像电影《华尔街》[②]中的戈登·盖柯那种强烈的贪婪，而是表明人们

---

① 道格拉斯·柯普兰（1961— ），加拿大小说家、艺术家。他在小说《X世代：速成文化的故事》中，将20世纪60年代后期和70年代之间出生的世代定义为X世代，也就是"二战"后婴儿潮世代的下一世代。

② 《华尔街》是一部于1987年上映的美国剧情片，主要讲述了名叫巴德·福克斯的证券经纪人不顾一切地想要成功，并下决心跟随心目中的英雄戈登·盖柯——一个有钱且不择手段企业掠夺者闯荡的故事。该电影被视为20世纪80年代的原型写照。

第一章 遁 世

怀疑没有什么其他事情值得冒险。其中一些怀疑是建立在历史和文化变革的不断变化之上的。当前这代人经历的决定性特征是值得信赖的社会运动消失了,相信政治可以带来更加美好的世界的信念也不见了。当代这些阴阳怪气的人在公共生活中发现的不是灵感,而是虚伪言辞的泛滥,这种言辞进一步加深了人们的怀疑。近几十年来,在脱口秀的忏悔文化和精心设计的政治忏悔活动的推动下,情绪得到了持续不断却又空洞的关注,使这种担忧被毫不掩饰地公开。阴阳怪气的年轻人正确地感觉到,这种真诚往往因不被遵守而获得尊重。今天的反讽也是对公共生活中一种奇怪的结合所做出的反应:福音派复兴的言论与和低俗娱乐的行为结合在了一起;吉姆·巴克和塔米·费依·巴克①有时似乎成了过去十年公众人物的模板。

更深层的共性将公共生活和私人生活都置于阴阳怪气的范围之内。不言而喻的是,我们所说的话的可信度既取决于我们是谁,也取决于我们的话本身。当一个人宣讲某种道德时,为了认真对待他的话,我们必须相信他可能至少在一定程度上按照自己所宣讲的方式生活。通奸者对纯

---

① 吉姆·巴克(1940—)和塔米·费依·巴克(1942—2007)夫妇是一对备受争议的福音派电视布道者。吉姆因为一系列的性丑闻从电视节目辞职并离婚。塔米·费依在患癌多年后去世。

洁的劝诫并没有多大意义，叛徒口中对爱国主义的赞扬也是如此。对这一点心知肚明的我们长期以来在怀疑和愚钝之间走了一条曲折而不完全公平的路线。约翰·肯尼迪和马丁·路德·金等人行使的道德权威部分基于公众不知道他们私生活的细节，但大多数人会承认这种无知对国家是有益的。然而，在这个过程中，我们渐渐接受了两个观点，它们一起使我们很难真正认真地对待任何人的严肃态度。我们及其自我意识，深受西格蒙德·弗洛伊德的观点影响——"我们都有病"——每个人的动机在某种程度上都是自私、卑鄙或神经质的。从莎士比亚到詹姆斯·乔伊斯，伟大的思想家一直能够从高贵的假象中察觉到低贱的东西；但越来越多地，驳斥者的语言成为首选词汇。今天的年轻人熟练掌握了将个性贬低为症状的术语，其中包括"被动攻击性""压抑"和"抑郁症"。这表明，任何把自己的标准看得过于崇高的人都有可能被贴上"分析狂"标签。这对历史上的大多数人来说都不是称赞。我们所有人都从心底知道，我们的行为受心理学解释影响；而我们，作为具有多重模糊动机的生物，是不能通过整体性加以抗议的。

这一观点与另一个未被明言的假设相结合，即价值观并非一成不变的客观标准，而是带有强烈个人色彩的生活指南。选择某种价值观是因为它们帮助我们在特定阶段塑

第一章 遁 世

造生活，然后随着我们的成长和前进而被替换。这无疑是离婚变得如此频繁和被接受的原因之一，也是许多人认为有理由接受这一现象的原因——如果不完全是庆祝的话。我们比以往任何时候都更爱说"人们的价值观在改变"，并且在人到中年时才发现的新事业可能会使人们走上无法调和的道路。根据这种观点，传扬一种价值观与其说是承认客观的戒律，不如说是表明一个人的生活方式。现在甚至有人用这种方式来讨论宗教。如果宗教和时髦而模糊的"灵性"一词之间有真正意义上的区别，那就是灵性的形式和内容几乎完全是个人的。所有这一切意味着，"价值观"更多的是在描述而不是在规定什么。正如经济学家认为选择是"展示偏好"的，是显示出真正想要什么的，我们也越来越认为我们的行动揭示了真正珍视的东西。

在这种氛围下，宣称忠于某个原则的人被认为是在表达他自己的个性，而不是描述他作为基督徒、犹太人或只是作为人所受到的限制。当他的表达和他的行为之间出现差距时，他就不只是另一个堕落者或"犯了人人都会犯的错"，而是一个伪君子。虚伪与其他缺陷不同，可以通过重新定义来解决——传扬一套更接近自己行为的价值观就是了。因此，我们越来越多地把崇高的原则当作一种自讨苦吃或是自我感觉良好的源头，而不是一种做到更好的要求。我们人人有病，渴望健康就是在等着被戳穿这一点。我们作为人类本身，就已经成为反对坚持苛刻的价值观或尊重他人价值观的有力论据。奇怪的是，我们认为自己太诚实了，不适合这么做。

对所有怀疑论的一个讽刺性回应是，如果我们只能做表面文章，那么我们最好让我们的表面尽可能地引人注目。管理大师汤姆·彼得斯[①]敦促年轻和有抱负的人"品牌化"自己，塑造别人对自己的看法来使自己获利，就像在营销新产品一样。彼得斯写道："我们是我们自己的CEO：自我有限公司。在今天的商业中，我们最重要的工作是成为自己品牌的首席营销官。"市场营销成为一种生活方式。

彼得斯的说法引起了人们的不安，因为它与一种普遍的怀疑相吻合，即对于大多数人大部分时间所做的事情来说，营销是一个不错的比喻。对言语、语调和手势的意义的复杂化必然会导致对自我表现作为一种表演的敏锐认识。这种复杂化给老问题"他这么说是什么意思"增加了新的维度，而答案很少会一目了然。从战略性约会礼仪指

---

① 汤姆·彼得斯（1942— ），美国商业管理作家，代表作为《追求卓越》。

第一章 遁 世

南《戒律》①中的彻底自觉的传统主义,到惊人杂谈节目的主持名人和他们的模仿者精心设计的反传统主义,我们有理由不去在意人们的言行,而是更关注他们可能试图通过言语和行动来获得什么。当言语和行动成为市场营销时,它们揭示的不是个性,而是雄心;不是可以被了解的个体,而是一系列发自内心或随波逐流的愿望和目标。

然而,就像聪明的我们无法把广告当真一样,我们只能对那些明知是在自我推销的人保持警惕的愉悦感。他们的活动可能会随着他们目标受众的变化而变化。尽管充满了笑声,但讽刺的情绪暗藏着悲伤的内核。汤姆·彼得斯有着伟大的前辈们,其中一位是奥斯卡·王尔德,他宣称:"人生的第一义务是尽可能地虚伪。第二个义务尚未被发现。"但王尔德的思想已经被大多数人遗忘了。尽管他谈到了虚伪性,但他在某种程度上是浪漫主义者,相信可以通过违反传统规范来展示他的真实自我;他不完全是一个量子自我。此外,他的古怪行为在那个传统的时代具有戏剧性反叛的冲击和刺激。现在,反叛的潮流在专卖店大促销,

---

① 《戒律》(The Rules)是美国专栏作家艾伦·费恩和雪莉·施耐德合写的畅销书,提出女性应该吸引男性主动追求自己。该书在1995年出版时登上《纽约时报》畅销书第一位。

在未为人母的麦当娜①和欢乐又堕落的卡通《南方公园》之间，很少有传统的规范可以引起震惊了。

这种阴阳怪气的立场让我们沉迷于自我，但这个自我却是让人无法相信的特别有趣或重要的自我。它的复杂度是极具消耗性的，从而培养了对自己和他人的怀疑。通过拒绝信任这个世界，阴阳怪气的反讽创造了更有可能绝望的世界。因此，哪怕我们不遗余力地保护自己免受其影响，失望和一种安静而普遍的悲伤情绪也已经悄悄地渗入了我们的生活。

渴望家园

反话只说出了事物全貌的一半，另有一半与之对应。在阴阳怪气的观点中，每一个个体在本质上都是孤独的。人际关系的肤浅和对推广自我个性的矛盾的义务在人们之间形成了尖锐且难以逾越的差异。与此同时，阴阳怪气的人不愿意拥有远大抱负——诸如政党或社区的事业——这意味着他们没有发现自己的承诺被他人重申这种令人欣

---

① 在1996年怀孕之前，麦当娜（1958— ）以对性、宗教等敏感题材的大胆（有时是挑衅性的）表现著称。

第一章 遁 世

慰的经验。一个党派成员，或者哪怕是一个合作伙伴，都能从由共同事业塑造并分享价值观的关系中得到支持。一些宗教信徒和政治狂热者甚至在他们感知到上帝的计划或历史进程在他们周围实现时，发现自己的信心大增。在所有经历中，人们对自己所处的环境有一种亲密感，一种相互联系而不孤独的感觉，一种和谐而不是特立独行的感觉。然而，阴阳怪气的人却没有这种经历。

部分是为了回应这种匮乏，我们这个充满反讽意味的时代同时也是充满信仰的时代。尽管信仰充满矛盾，时常在现实中遭遇挫折，承载着它阴阳怪气的竞争对手的烙印，但它仍然是信仰。即使在阴阳怪气的环境中，人们仍然普遍渴望能感受完整的自我，并与真正的价值观相连接。这些价值观也是自己所在社区（以及某些情况下整个世界）的价值观。

因此，我们生活在一个《宋飞正传》的收视率正在被排名第二的电视剧《与天使有约》①所挑战的文化中。《与

---

① 《与天使有约》（*Touched by an Angel*）是一部美国奇幻题材电视剧，放映于1994—2003年。该剧广受负面评价，但观众反响积极，自第三季起就成为其电视台收视率最高的作品之一。然而，作者在这里犯了一个事实性错误，即《宋飞正传》远非《与天使有约》所能撼动。《宋飞正传》的大结局收视人数高达7600万，并被广泛认同为美国历史上最伟大的电视剧之一。

天使有约》这部剧是当下关于温良、慈善而有翅膀的天使的潮流的一部分。当代的天使不再是忌邪甚或狂热的上帝代理人，而更像是心灵鼓励师和天上的执事。动物寓言集和用户指南挤满了20世纪90年代畅销书排行榜，其中包括苏菲·柏涵的《天使之书》和卡伦·戈尔德曼的《天使之声》。1994年，《纽约时报》畅销书榜上曾前后出现八本关于天使的书籍。根据这些描述，天使不仅帮助我们稳定情绪、做出良好的人际关系判断和推进事业发展，还会提供一些小小的神圣干预，比如找回丢失的钥匙或启动不听话的汽车引擎。天使的存在告诉我们，浩瀚宇宙对我们的存在并不是漠不关心的。

事物存在的意义是西方传统的根本。这一传统一方面始于柏拉图和亚里士多德关于现实的可理解性论述，另一方面则始于"太初有道"的宣言。我们继承了这样一个观念：理智和至少部分可理解的秩序构成了一切的根基。然而，过去一百多年的经验表明，世界的秩序既不能引导我们，也不能滋养我们，它所具有的任何意义在本质上都是惨无人道的。用德国思想家马克斯·韦伯的话来说，世界已经被祛魅了。也许对这种经验最深刻的描绘来自19世纪

第一章 遁 世

英国诗人马修·阿诺德①，他在《多佛海滩》中描述了"信仰之海"的撤退。当"信仰之海"离去时，他的面前只剩下"它忧郁的，长久的，渐行渐远的咆哮／向夜风的呼吸／在这荒凉的广阔边缘和世界的裸露的砾石上退去"。我们坚信这个赤裸的世界不属于我们。我们原属于一个充满道德意义的世界，一个我们的愿望被承认，而我们的希望无论是否实现，都至少会被记录、承认和理解的世界。但现在，这个赤裸而沉默的世界似乎是我们所剩下的一切。

天使回应了这种可怕的忧虑。它们安慰我们的悲伤和孤独，向我们保证我们并不缺爱。我们的感受对另一个生命，也就是我们的守护天使来说很重要，就像它们对我们一样重要。通过干预事件的进程，天使表明这种来自天上的关怀并不是主观的，不仅仅是其他人可能在看到我们的窘境时对我们感到的同情。相反，这种关怀是与自然的过程相结合的，而这些过程会使汽车引擎熄火或将掉落的钥匙带过铁栅栏。换句话说，万事万物的内在结构可以回应我们的愿望，即使是我们微小而短暂的愿望。如果世界并非围绕着我们转动，至少它偶尔会朝我们这边摇摆。天使

---

① 马修·阿诺德（1822—1888），英国诗人、教育家。他最著名的著作《多佛海滩》反映了英国维多利亚时代的信仰危机。

告诉我们，完全可以去做那些阴阳怪气的人不敢做的事，把希望赌在这个世界上。

不可否认，反讽提高了对于想要保持虔信的人的要求。对天使的信仰，以及整个宽松的"灵性"体系，只是在某种程度上清除了这个障碍。总的来说，对于这些事物的"信仰"实际上是一种模糊的希望；很少有人像真正的宗教信徒那样坚信天使（尤其是流行文化中所描绘的那种天使），更不用说像相信化学反应可靠性的科学家那样相信天使了。这种信仰往往是断断续续的。它是一种在宇宙层面上赋予愉快事件和好运意义的方式，也是在不幸中获得安慰的源泉。

从所有方面来说，对天使的痴迷是一种特别广泛的自我参与形式，是心灵需求的最高形式。天使不仅作为孤立的、欲望和恐惧的集合体来服务我们，而且看似自相矛盾地把我们保持在这种状态之中。它们提供了一种我们可以独自拥有的安心感，这种安心感可以在我们的住所和办公室的私密空间中获得。在世界中感到自在并不意味着改变或超越我们自己，调整我们的习惯和欲望以适应所处的环境和社区；相反，世界回应我们的愿望，仅仅是因为这些愿望属于我们。

这种"天使灵性"也是对抗阴阳怪气所带来的疲惫感

第一章 遁 世

的方式。通过以一种近乎刻意的天真来宣布他们的希望，新的灵性主义者（采取）了一种反对阴阳怪气的怀疑论的立场。值得注意的是，尽管看起来微不足道，保险杠上贴着"魔法发生"标语的汽车很可能也会贴着"尖酸的人是垃圾"的标语。从表面上看，第一个标语是形而上的，第二个标语则是与态度有关。仔细观察，它们实际上都不过是一种态度。它们一起形成了可以称之为"反宋飞立场"的东西。

这种希望期待一个能够与物理事实之外的东西相协调的、会回应我们的宇宙。它出现在托马斯·摩尔①等人新颖的融合式唯灵论中，以及《奇迹课程》②之类声称是被"记录"或被引导的作品中。甚至他们重要作品的标题也在斥责那些阴阳怪气的人的无情和庸俗。《奇迹课程》首先宣告了这样的事实，即存在这样的事情：我们疲倦的世界经常承认神奇的存在。摩尔的《日常生活的复魅》提出了完全相同的观点：我们仍然有一种感觉，即有些事物是神圣的，与世俗的事物相比，它们具有特殊的道德意义。然而，书名开头的前缀表明，神圣的事物已经失落了，或者至少被

---

① 托马斯·摩尔（1940— ），美国灵性作家。
② 《奇迹课程》是由美国心理学家海伦·舒曼和威廉·赛佛创作的灵修畅销书，遭到各界广泛批评。

遮蔽起来，必须要被重新找回。

　　这是当今时代的矛盾情绪。我们抱着怀疑的态度阴阳怪气，并倾向于一种困乏的自力更生。与此同时，我们想要放弃反讽者令人厌倦的独立性，相信我们并不孤单，相信我们可以找到道德共同体、明确的义务，甚至奇迹。我们怀疑在这个世界中能否找到归属感，然而我们最渴望的正是归宿。我们只对自己有把握——尽管是以一种有些不稳定的方式——并且我们致力于寻求更大的确定性。我们是碎片化的，甚至是碎片化的大师，我们渴望整体性。

归乡捷径

　　有另一种更英勇的尝试来跨越阴阳怪气和真诚信仰之间的障碍。要理解反话的重要性，就要考虑到阴阳怪气的态度实际上是在表明，要实现梭罗所说的"与宇宙的独特关系"根本是一件不可能的事。寄希望于天使意味着轻率地修饰世界，使其更符合我们假定的独创性，而更勇敢的态度则要求个人彻底地改造自己，从而再次成为独一无二的存在。今天，这个目标在被广泛认为是最具活力、最具变革力和最有可能产生时代的弄潮儿的各行各业中找到

第一章 遁 世

了表达。有趣的是,几十年前这些领域似乎平平无奇:商业世界和信息技术。它们的定义性载体是两种关于生活方式的杂志,即《快公司》①和《连线》②。这些杂志的好处在于,它们探讨了其他媒体以一种近乎生理迟钝的无能方式来面对的两种转变:技术的变革已经使青年人在童年受到的教育变得过时,而经济的变化使得他们的前景变得不确定——即使是令人兴奋的前景。如今,未来以前所未有的速度吞噬着过去,而现在并没有提供一个稳定的立足之地。《快公司》和《连线》承诺让您了解这一动荡不安的图景,甚至可能在其中提供一个安身之所。它们吸引人的地方就在于对困惑的呼吁,而不是它们英雄主义的伪装。它们的失败之处则是用令人不满意的幻想回应了令人不安的现实。

《快公司》是近年来创业杂志浪潮中最成功的杂志之一,也是将商界人士塑造为主角的主要推手。《快公司》将商业呈现为一种超越平凡存在的生活方式。该杂志的主旋律是"自由选择"的理念:当代经济将人们从传统的终身工作制中解放出来,让每个人都获得了完全自由,实现了自力更生。现在每个人都是自由职业者。

---

① 《快公司》是一份美国商业杂志,于1995年创刊。
② 《连线》是一份美国全彩月刊,着重报道科技对经济、政治、文化等领域的影响,于1993年创刊。

《快公司》将雇用的生活方式塑造成一种美好的生活。自由职业并不是被驱逐，而是逃离传统职业的束缚，进入崭新的自我创造中，而这种创造是盈利的。该杂志对自由职业的明确讨论包括宣言"我宣布自我的独立"，摆脱工作、场所等束缚。一切使我们疲倦、乏味、迟钝的事物，都仿佛被宏愿一扫而光。然而，《快公司》的本质与其说是扬帆起航，不如说是回归故乡。该杂志在修辞上反抗刻板化的"企业文化"，这是自由职业者最渴望逃脱的束缚之一。杂志中的反派是那些"有毒的公司"。在这些公司中，老板专横跋扈，员工彼此疏远，创造力受到扼杀。一位有代表性的自由职业者在回忆起参加大公司招聘会的经历时说："那些都是假的，都是塑料的。"与此形成鲜明对比的是，"他当时在其中寻找真实性"。

"假的"和"塑料的"是传统的表达方式，表达对于在传统中那些包罗万象的陈词滥调的鄙弃。阴阳怪气的人最讨厌的就是这些话。它们传达了每个人都在伪装，而且是相当不雅地伪装着，扮演没有人当真的角色。在这一点上，真实性是自由职业的真正卖点。这个复杂而难以捉摸的概念对于"与宇宙的独特关系"至关重要：我们希望的不仅仅是一些新的东西，而是真正属于自己的东西。在一切都是衍生物的世界中，我们的问题在于怀疑自己是别人

第一章 遁 世

想象的拼凑品，虚幻而不真实。这让我们害怕自己是一场笑话而不是正剧。

这种对于失去真实性的恐惧是古老的。梭罗去森林隐居的时候，希望明确我们是什么和不是什么，坚决摒弃矫揉造作的部分："要带着目的生活，只面对生活的本质……而不是在我死去时，发现我根本没有活过。"这是哈姆雷特的恐惧之源，因为自我怀疑使他的决心无法变成行动，他在世界面前渐渐变成了一个活的幽灵。从珀西·比希·雪莱的浪漫派和超现实主义者到意识流诗人，许多反对传统的人都渴望完整、纯粹地表达自己。

不同以往的是，最近追求真我的人不再是波希米亚人①，而是会议室中的浪漫主义者。电子表格取代了画布、诗行和日记。有史以来第一次，摆脱常规的出路成了对传统成就的卓越掌握。回家的路把家庭变成了办公室。

商业人士是一个艺术家，一个时而孤独、时而与他人合作的天才。因此，《快公司》在"真实"之后的第二个最爱是"创造力"。该杂志的常规专栏"一个人的力量"从优秀的自由职业者那里提供快速学习的课程，其中有超过

---

① 波希米亚人，原指15世纪被驱逐出波希米亚（现捷克、斯洛伐克等地区）的罗姆人（又称吉卜赛人），在19世纪衍生成为反叛传统的艺术家的代名词。

三分之一的文章是关于这个理念的。被介绍的企业家们提出了诸如"创造力的关键是清晰度""你不能强制灌输创造力""创造力是一个两步走的过程"的口号,以及以近乎优雅的对称性写下的"没有真实就没有创造力"。艺术是美好的,商业就是艺术,没有艺术就没有好的商业。

商业也是一种驯化过的政治承诺形式。在美国的政治环境中,该杂志罕见地称赞了明尼阿波利斯市市长约翰·诺奎斯特[①],因为"他绝对不像一个政客,尤其不像一个民主党人。当约翰·诺奎斯特说话时,他听起来就像一个变革推动者"。秉持着同样的精神,在一篇关于波本威士忌优点的文章和另一篇关于低成本个人电脑的文章之间,有一篇文章称赞一位创新法官是"穿着黑袍的变革推动者"。变革推动者是创造力和真实性的先锋,也是改造公司及职业的创新型企业家和管理顾问。简而言之,当政治变得最像英雄主义化的商业时,它就值得关注。没有什么比这更能吸引自由职业者反复无常的注意力了。因此,真实表达自我的艺术英雄主义和在权力面前宣告原则的政治英雄主义都属于商业世界。然而,这几乎令人难以置信。

---

① 约翰·诺奎斯特(1949—),美国政治家,1988—2004年任密尔沃基市市长。作者在这里犯了一个错误。

第一章 遁 世

毕竟，商业既不是艺术也不是政治，它只是它自己。它也不是一种重塑自己、实现与宇宙之间难以捉摸的独特关系的方式。

如果要通过赚钱和营销来实现这些目标，往往会陷入阴阳怪气那令人不愉快的泥潭之中。《快公司》塑造的英雄之一就是汤姆·彼得斯，他敦促每个人都成为"你自己的品牌"。彼得斯在1998年的一篇封面文章中告诉读者："你和耐克、可口可乐、百事可乐或者美体小铺一样都是一个品牌……当你推销自我品牌的时候，你所做的一切——以及你选择不做的一切——都传达了品牌的价值和特质。"换句话说，生活就是一场奔波劳碌。

然而，奔波劳碌并不能带来真实感。通过这种方式，我们又回到了阴阳怪气，回到了构陷、操控和肤浅的个性中。毫无疑问，"自我品牌"的可疑程度不亚于那些派生词，正是这些词汇让阴阳怪气的人怀疑一切都可能或多或少是营销。然而，《快公司》设法对这一困难表现出完全愉悦的态度，通过不去注意奔波劳碌，克服了其令人厌恶之处。艺术、政治、商业和真实性之间不太可信的相互联系，被带着微笑呈现出来。这种微笑与其说是成竹在胸的微笑，倒不如说是不谙世事的傻笑。这种努力有良好的意图，并且充满热情。尽管如此，它仍然不可信。

这种不可信并非偶然，它与整个《快公司》项目的奇妙特征息息相关。该杂志提供了一种在世界中如同居家一般自在的愿景，同时在本质上又是无根之木：自由职业者不受任何地方的束缚，却无论身处何处都感到自在。他之所以感到舒适，是因为无论走到哪里，他都充满创造力和真实性。他的创造力表现在"工作更聪明"和"以不同的方式玩游戏"，他的真实性则体现在"坚定的价值观"上。然而，这些并不是个性或生活方式，它们只是口号，就像"变革引导者"一样，没有特定的意义。它们是代替思考的词语。

自由职业者在广告中能够与世界上最好的事物和谐共处：他是创造、变革和真实的体现。但实际上，就如他自己的"生活方式杂志"所描述的那样，他是一个异常薄弱的存在。几乎没有人知道他的"强烈的价值观"是什么或者他是如何"玩游戏"的，更不用说为什么他选择玩这个特定游戏，而不是其他游戏，甚至不玩任何游戏。他所谓的创造力和真实性是模糊不清的，很可能无法承受清晰的阐述。他的反叛不是一个运动，甚至不是一个声明，而只是一个姿态。他就像是一则非讽刺性商业广告中展现的关于个人满足感的十五秒短片。换句话说，他就是"自我品牌"。

第一章 遁 世

《快公司》最终显得不具说服力，因为它的幻想模糊、散漫，主要由朦胧的图像和愉悦的声音构成。然而，自由职业者还有许多带着异国情调的表亲，这些人的幻想更加坚定。其中最荒谬的是数字精英群体，即被《连线》杂志推崇的新信息经济的精英。几年前，《连线》就像《快公司》一样横空出世，试图将计算机技术打造成一种能拯救参与者免于平庸生活的生活方式，正如后者对商业所做的宣传努力一样。该杂志的首期宣称："《连线》关注的是当今地球上最有权势的人——数字一代。"尽管有这一宏大的主张，但它最令人心动的承诺并非其推崇的受众将统治世界，而是数字精英与自由职业者一样能够独特地接触世界。

《快公司》步履蹒跚地追随浪漫主义者的脚步，而《连线》则继承了弗里德里希·尼采的思想，这位19世纪德国反传统者的思想已成为几代反对传统道德的叛逆者的试金石。尼采和许多当代人一样，相信世界上的所有神话、魔法和确定性已经消失。科学的进步和理性的怀疑耗尽了欧洲伟大的宗教传统——基督教及作为其世俗化形式的自由民主。这个过程，韦伯后来称之为"祛魅"，在心理层面上带来了毁灭性的影响，但也提供了一个令人兴奋的机会。基督教和民主制度一直以来都是在压制的基础上蓬勃发展的，那些强大、聪明而美丽的人在令人窒息的氛围中习得谦卑、自责和平等主义。这是对一系列能力的痛苦扭曲：更高的天分、自由表达的力量，以及最重要的创造解放、维持和加强神话的力量。宗教信仰的终结意味着这些力量获得了新的自由。那些拥有足够强大的想象力、意志和智力的人可以自由选择与同样非凡的个体组成共同体，并在其中庆祝他们的新自由。

《连线》对这个观念进行了一些改变。对该杂志来说，实现尼采承诺的关键是技术。"不论多么夸张的抱负，不论多么离奇的幻想，都不能再被认为是疯狂或不可能的。这是一个你终于可以做到一切的时代……突然间，技术赋予了我们能够操纵的力量，不仅是外部现实——物质世界，还有更加重要的是我们自己。你可以成为你想成为的任何人。"这一大胆邀请占据了该杂志的前几页，描绘了一个由计算机生成的达利[①]式景观，上面有透明的人形，其大脑、肌肉和内脏是由硅芯片和光纤电缆纠缠而成。这些词语呼应了《连线》主编凯文·凯利[②]最喜欢的口号之一："我们

[①] 萨尔瓦多·达利（1904—1989），西班牙著名画家、艺术家，以超现实主义作品闻名于世。

[②] 凯文·凯利（1952— ），《连线》杂志第一任执行主编，1999年辞职。

第一章 遁世

宛若天神,我们不妨对此善加利用。"

该杂志的作者们陶醉于对昂贵生物和电子进步的奇妙描述,这些进步将为人们提供重塑自己的能力。《连线》中一个经常出现的英雄群体是逆熵主义[①]者,他们认为可以通过技术成为超人,信奉"不受任何限制的自由哲学"。根据逆熵主义者的说法,那些有能力承担费用的人最终能够通过将意识"下载"到计算机中来克服死亡。他们将作为脱离实体的思想永远存续下来,当然也许是在机器人辅助设备和虚拟现实体验的帮助下实现的。他们同样致力于通过药物、手术或其他方式来集中和扩展心灵的力量。然而,《连线》所设想的自我塑造并不完全是个人化的。相反,该杂志邀请读者将自己标记为一个或多个部落的成员,从而使自己与世界的独特关系成为可能。

本着这种精神,《连线》采取了一种数字异教的腔调。1996年的封面报道赞美了"火人节"[②],这是一个在内华达沙漠举行的周末聚会。高科技与反主流文化在人体彩绘、击鼓和电子增强型的混乱中相遇,最后的高潮是焚烧一个

[①] 逆熵主义,来自物理学"熵"的概念。其理念相信未来技术进步会让人高度发展,甚至达到永生。

[②] 火人节,一年一度在美国内华达州焚烧巨大人形木雕的节日。该活动没有特定焦点,由参与者主导。

巨大的人形木雕，这一习俗源自欧洲古代的凯尔特人。该杂志将已故的马歇尔·麦克卢汉[1]视为其灵感来源，他是技术部落主义的先知。在一次对麦克卢汉教授席位继承人德里克·德克霍夫的采访中，《连线》报道了他的看法，即互联网用户已经重新进入了"部落世界，（在那里）宇宙存在着。它是有生命的。部落共享这个巨大的有机现实"。即使在物质世界最奇特的角落中也没有魔法，但在计算机生成的虚拟现实世界中却可能存在着魔法。在那里，虚构的自我可以在虚构的领域中玩耍，培养与一个完全独特的宇宙之间的独特关系。

但是，通往这种独特性的途径本质上是消费者的途径。从一开始，《连线》的常规专栏就宣布了哪些想法和产品是"潮流的"，以及哪些是"过时的"；保持"行话监视"；指出能带来"街头信誉"（即可信度）的装备和风格；并详细介绍了"痴迷"，即超级潮流的超级产品。杂志的"潮流／过时"和"痴迷"专栏描述了部落成员身份的最新象征，而这些象征需要不断更新。这个部落注重行动和购买。当某样东西对杂志的目标读者来说看起来不错

---

[1] 马歇尔·麦克卢汉（1911—1980），加拿大传播学家、教育家。他预言了万维网，并首先使用"地球村"一词。

第一章 遁世

时，他会毫不犹豫地去做、去买、去创造或成为它。数字精英在塑造自我和创造世界的过程中寻求平等的友谊；他们很可能完全忘记自己的存在，而不是蔑视地位较低的人。这是一种青春时代的信条，一种对永无止境的梦幻购物之旅的向往。

然而，与此同时，《连线》中也存在一些令人哀伤的东西，对世界上的枯燥事务感到失望，并有一种伴随着嘲讽的倦怠感。该杂志让读者一睹真正的社群生活——数字部落的生活，用来取代废话和乏味的内容。在那里，每个人都像你一样聪明，对你喜爱的事物充满热情，并寻求你正在追求的美好时光。凯利的宇宙学思考甚至为计算机工作的意义提供了一种准宗教的意义——在硅中呈现的自然崇拜。

大体上说，数字精英与自由职业者的共同点在于，二者都不存在。杂志的读者大多不是自由职业者，更不用说是野心勃勃的逆熵主义者了。他们充满好奇心，对塑造自己的未来和理解当下的世界充满关切。就像天使观察更多地涉及态度而非形而上学一样，这个读者群体感受到的更多是困惑，而不是弥漫在杂志语气中的信念和自我安慰。《快公司》虽然比《连线》更严肃，但它只描述了极少数人的真实生活。事实上，我们从未真正宣布并保持独立。最终，我们根本就不愿意这样做。而《连线》则是艺术性幻想力量的证明，它能够分散参与者对现实的注意力。该杂志的偶像们能够全情投入地追求幻想，却以自己不被严肃对待为代价。

数字精英和自由职业者表现出资源的匮乏，因为我们认为自己的生活是被某种目的所引导，被某种力量所充满，或者被自身所谓的平庸之外的某种可爱的东西所感动。它们显著的非真实性表明我们对幻想的力量持有薄弱的希望。无论是在虚拟社区中还是在自我营销的真实性中，我们都希望编写关于自己的故事，并希望这些故事成真。我们正在寻找话语和生活方式，来帮助理解这个日益复杂和难以捉摸的世界。我们并不特别渴望那种似乎命中注定的反讽，也没能找到不断渴求的完整性。我们试图解决两难境地的努力似乎激发了我们内心最坏的一面。难怪我们中的许多人，要么作为轻微不满的居民沉浸在反讽中，要么作为暗地里半信半疑的党徒，跟随着那些相互竞争的完整性叙事。我们的幻想无法凝集在一起，而现实也无法支撑我们。此外，在我们试图相信的事物中，政治已不再是其中之一。值得思考的是，为什么事情会是这样。

第二章

政治的失能

在民主制度中，卑鄙与权力、不值与成功、利益与耻辱之间发生了令人厌恶的混合。

——阿历克西·德·托克维尔，《论美国的民主》

第二章 政治的失能

政治是不庄重、不体面、模糊可笑且完全过时的。这个时代的伟大成就属于商业界，而它伟大的乐趣则源于人际关系和自我提升。政治留给了乏味而徒劳的狂热者、自负的巨婴和可疑的追随者。它无法创造任何有用、美丽或有利可图的东西。正如奥登在诗歌中所写的那样，它毫无作为。对待政治应有的态度是漠不关心。

这些都是政治在最近几十年中所形成的不良声誉。这种怀疑论在最年轻的成年人中尤为明显：他们通常刚刚完成大学学业或开始第一份工作。最具理想主义的人，比如坚信自己要为他人服务的人，主要寻求政府公务员之外的工作。这些工作几乎完全远离被玷污的竞选和选举，甚至大多数情况下也远离华盛顿的游说团体。相反，他们选择在住房项目和农村社区中心直接提供服务，在内城区学校和第三世界的村庄中工作。他们越来越多地在私营经济领域闯出一条路，接受管理咨询师或律师的培训，然后利用他们的技能、财富和专业联系从事服务工作。这些私营公共企业家是非营利服务团体和所谓的非政府组织（NGO）激增的幕后推动者，许多好的工作现在就在这些组织中开始。而如果理想主义者是非政府的，那么大多数人将会完全致力于私营经济。在私营经济中，财富等待着那些善于操纵他人金钱和信息的人。

这种怀疑背后隐藏着真相。政治近年来实在表现不佳。任何漫不经心的观察者都无法忽视政客们之中普遍存在的唯利是图和间歇性的荒谬行为。国家政治中的性丑闻、个人争斗、金钱交易和戏剧性的自以为是，你方唱罢我登场。然而，问题不仅仅在于当前的选举系统中有多到超乎寻常的小丑、伪君子和贪得无厌的人。人们不但认识到了政治的荒谬性，而且对它的无效性产生了普遍的信念。几十年前那个能够以广泛支持的方式发起"向贫困宣战"[①]，并在推动种族平等方面取得实质性进展的政府，现在只有在废除自己之前的倡议时才能做出决策。而在政府的本职方面，他们明显缺乏引人共鸣的建议。没有鼓舞人心的计

[①] 1964年1月8日，时任美国总统林登·约翰逊在国情咨文演讲中提出"向贫困宣战"的口号，推动立法以消除美国的贫困现象。

第二章 政治的失能

划，政治中的优秀人才就无事可做，甚至没有什么能使他们留在那里，最糟糕的那批人却不会从他们的滑稽表演中分心。政府里总是有垃圾；当政治停滞不前时，这些垃圾就会浮出水面。

尽管如此，对政治的回避不仅仅是对公共生活现状的回应。相反，对政治的冷漠以及在较小程度上的停滞，都是文化缺失的症状。文化的作用之一就是为人们提供思考自己所作所为的角度。他们可以看到自己的工作、才能和世界的需求之间的联系。他们认为自己的工作属于一个整体，其中一些可能性是好的，而他们帮助维持这种可能性。

换句话说，丰富的文化帮助人们解释了他们工作的对象和目的。这意味着建筑师可以理解他的工作如何为人们创造愉悦的生活和工作场所，记者可以了解他的目标是告知人们社区和世界上正在发生的事，医生可以让人们过上健康的生活，或者农民可以为人们提供食物并保持土地肥沃。一个人还可以欣赏到他的行业如何通过发展最优秀的才能或重要的人类品质来增强他自己的生活：对建筑师来说，这包括空间感知和审美观念，以及对空间如何使人感到舒适或不安的直觉；对记者来说，这包括有效的写作能力，对真实与虚假之间界限的感知，以及将零散的事实整合成一篇可理解的故事的技巧。此外，文化向我们展示了卓越的标准，这些标准独立于我们自身，并且在我们满足这些标准时赋予我们的工作以尊严：优秀而优雅的设计，清晰而真实的写作，以及农田和牲畜的健康。

从这些基本方面来看，工作可以是好的，也必然可以是不好的。它可能会失败，从而产生荒废的田地、难以理解的文章和令人不悦的建筑。正如好的工作为一个人的活动提供了一定程度的意义和尊严，糟糕的工作是有辱人格的。如果一份工作或一个行业不能提供良好工作的可能，或者它显然是不必要的，不能培养人才，不能取得卓越成就，那就是一种悲剧，或者也可以说是一种侮辱。

确实存在这样的行业，其中也有人草率或漠不关心地做了一些潜在的好工作。即使工作做得很好的人也不会花太多时间思考他们的工作为何是一份好的工作。尽管如此，这些品质——目的、自我修养和卓越——仍然存在于日常工作的背景中，许多人可以悄悄地意识到他们的行业的价值所在。这些好处或许微不足道，但它们细水长流。

今天我们没有这样一种理解政治的方式。无论如何接近政治，我们都发现它是一个令人沮丧的领域。即使在最好的情况下，它也是狭隘和地方主义的。我们很难说出什么是好的政治：它要如何为他人服务，如何提升那些从事政治事业的人，或者它希望达到什么样的卓越标准。对于

第二章 政治的失能

这些问题，我们的回答介于不确定和无可奈何之间。实际上，根本无法说出政治的目的。

当下政治的面貌

今天谈论政治意味着假设对方不真诚。理解公众人物既不是言出必行，也不是言而无信，这是最基本的关于政治复杂性思考的首要要求。公开声明不是表达信念，而是按照一个复杂游戏中不断变化的规则来采取的行动。理解的重点并不在于所说的话，而是演讲者试图通过操纵我们来实现的目标。没有人会认为，1997年和1998年反对竞选财务改革的国会共和党人之所以这样做，是因为他们担心第一修正案的地位，无论他们多么坚决地抗议①；每个人都知道，在任职者心中，首要关注的是保住席位。许多人不相信比尔·克林顿在1998年最初否认与白宫实习生有染的说法；然而，有许多人相信克林顿总统在那种情况

---

① 1997年，美国参议员麦凯恩（共和党人）和芬格尔德（民主党人）联合提出了一项竞选财务改革，以削减给予政党的软性捐款和电视广告支出，终因共和党阻挠未能通过。2002年，二者再度联合提出《两党竞选改革法案》，获得批准。

下必须那样说，以保住总统职位。在同一起丑闻中，希拉里·罗德姆·克林顿公开谴责她丈夫的控告者，这一举动被解释为"白宫的辩护策略"，而不是作为妻子在表达真实信念。在克林顿政府支持率较高的时期里，总统在国内政策方面的提案是民意调查的风向标，这一点并不令人惊讶；毕竟，这样的提案大体上是为了政治上的利益而提出的。如果有人对政治家提出更多要求，就会发现他完全误解了游戏规则。

当政治被视为一场自私自利的大戏时，它被当作娱乐节目就不足为奇了。除冷漠之外，对政治最普遍的态度就是将其视为观赏性运动和《人物》①杂志中名人文化的混合体。周日早间的脱口秀节目是体育迷的素材，提供了关于谁的表现在变好、谁在下滑以及下周聪明人该把赌注押在谁身上的竞争性描述。《乔治》②杂志是名人文化政治观的核心，它对个性、人际关系、职业轨迹和八卦的关注，在某种程度上帮助华盛顿赢得了一个具有讽刺意味的描述——"丑人多作怪的好莱坞"。

---

① 《人物》是美国读者人数最多的杂志之一，主要讲述名流轶事和人文故事，于1974年创刊。

② 《乔治》是一份1995年由肯尼迪总统之子小肯尼迪创立的杂志。由于小肯尼迪在1999年遭遇空难，该杂志于2001年停刊。

第二章　政治的失能

除了让政治迷们兴奋，这种对政治的理解鼓励人们普遍漠不关心。对于大多数人，尤其是正在考虑职业生涯的年轻人来说，这种将政治视为自私自利的戏剧的观点并不鼓舞人心。它的职业前景是操纵他人，为了自己的利益而调整和歪曲自己的信念，也许还会获得一点点的恶名。这不仅无法满足崇高的荣誉动机，还给不了等而下之的正常尊严。这就是我们如何向自己描述政治，以及当考虑可能从事的工作类型时我们如何看待政治。因此，毫不奇怪，大多数人都不愿意从事政治工作。

当今的政治不仅略显低级，而且是一个狭隘的行业。政治家的人生目标似乎就只是继续保持政治家的身份。政治活动的首要动机并不来自自身之外的事物。相反，它旨在追求自身的成功，包括选举胜利和在党派或政府中的晋升，并对此心满意足。如果有什么其他的成功，那么都是不小心附带的。当政治成功需要政客们回应公众的担忧时，他们也会对公众的关切做出回应，但政客们同样乐于享受一个没有要求的选区，每隔几年就能可靠地把票投给他。在这种情况下，政治就像体育一样：如果你愿意观看，你可以参与其中，但如果选择不欢呼，它也不差你一个；而赛季结束的排名主要对参与者和忠实的球迷有意义。在这种看法下，公民，特别是年轻人，倾向于将政治视为别人的游戏，它对有更紧迫事务的人来说无足轻重。政治游戏似乎很难触及大多数人最关心的柴米油盐。

在政治失能的境况中

　　当下在政治中发现的空洞回声，部分来自一种所谓的普罗米修斯式雄心的黯淡。我借用的这个术语来自希腊神话中的普罗米修斯，他窃取了火种给予人类，从而永远改变了人类世界。他大胆的行动——尽管为此他被永久地折磨惩罚——是关于为了可能性而对现状发起反叛的伟大象征，把自己赌在了改变人类境况的可能性上。近几个世纪以来，公共生活中的鲜明承诺就是政治可能带来对人类困境的根本变革。这不仅意味着改善制度或减轻痛苦，更意味着在事实上消除某些根本性问题。出于这个目标，政治冲动具有了特殊的力量，它像政治承诺要解决的问题一样强大。然而，这个令人陶醉的承诺最近似乎已经消失，而我们正在承受它的消失所带来的深刻影响。

　　这种政治雄心的首个重要例证出现在18世纪法国哲学家让-雅克·卢梭的作品中。卢梭是从外省来到凡尔赛宫和巴黎上流文化圈的人，他对身边的阿谀奉承、诌媚和屈

第二章 政治的失能

尊俯就感到厌恶。他认为这些是文明过于精细造成的令人作呕的甜蜜结果，是渴望尊重和认可的后果。这种渴望随着社会地位的不同而加深，当人们变得更加自我和世故时，这种渴望对他们的折磨就更剧烈。下位者谄媚上位者，上位者因此鄙视下位者，却又舍不得放弃谄媚。最后，没有人能轻松自在。当他写下不朽名句"人生而自由，却无往不在枷锁之中"时，卢梭指的不仅是思想上的束缚。

卢梭提出，通过政治可以克服这些心灵上的痛苦。他的社会契约论描述了每个人在其群体中享有平等尊重的必要条件。通过创建在其中每个公民与其他人完全平等的公共领域，并使其成为道德认同的主要场所，政治为我们带来了最需要的东西：每个人都尊重其他人，并真诚地回报他人的尊重。

因为政治共同体的团结至关重要，所以它不能内部分裂。一旦每个成员将个人意志和利益交给整体权威而建立了共同体，所有人就都必须服从"公意"或共同利益，政治权威以"公意"或共同利益的名义运作。那些抵抗者"必须被迫获得自由"。如果允许他们进行抵抗，他们就会分裂社会，政治那伟大的道德成就便会被毁掉。

卢梭的"公意"与其说是民主的，不如说是公民之间半神秘的纽带的表达，而它可以运用什么力量来维护"自由",并没有内在的限制。在承诺改变人类处境的过程中,政治在生活的其他领域和任何特定个人的意愿上享有了新的权威。换句话说,政治解放理论和极权主义理论同时诞生。因为它满足了我们某些最高的需求和希望,政治获得了自己的至高地位。

在普罗米修斯式政治中,最雄心勃勃的计划出现在共产主义革命的马克思主义传统中。马克思的核心思想是朴素而令人印象深刻的。马克思提出,我们最重要的特征是劳动。劳动塑造了我们的人格。了解一个人所从事的工作以及他从事工作的条件,你就会了解他。观察社会如何组织劳动,你就能看到它的核心所在。马克思的理想是自由劳动。他期待着一个世界,每个人都可以根据自己的意愿选择工作,无论是按天还是按小时。因此"早晨打猎,下午钓鱼,晚上饲养牲畜,晚餐后指点江山,但永远不会成为猎人、渔夫、牧羊人或评论家"。这将意味着自由的自我创造的世界:在选择工作时,你将决定你想成为什么样的人,你将发展的技能,以及你将生产的属于你自己的商品。然后,一时兴起,你会把这项工作放在一边,在选择和劳动的即兴舞台上开始一些新的尝试。

第二章 政治的失能

在马克思所处的19世纪初期的原德国①和英国，他所看到的是对这一理想的系统性违背。工人们只能接受能够确保食物和住所的工作，甚至资本家也是资产负债表的奴隶，始终受到破产威胁的驱使。被剥削的劳工和剥削者在选择如何度过他们的时间和使用精力方面都没有真正的自由。马克思作为经济和社会分析家，而非政治思想家，相信资本主义周期性危机将使其瓦解，工人们能够在一场或多或少不可避免的革命中接管权力。一旦工人掌权，每个人将平等分享生产工具，职业选择将是自由而流动的，解放劳动的理想将得以实现。

他的继任者将经济学重新转化为政治。他们发展了一种革命理论，并以此理论为基础建立了一些20世纪伟大的国家并开展了重要的运动；随着意外事件的不断发生，他们修正了这一理论，并称其为"马克思主义革命"。只要革命思想的变体还存在，思考政治就意味着面对某些问题。你是支持还是反对社会的根本性变革？你准备怎么做呢？不管你如何回答，最好要迅速果断，因为比赛已经开始，而且正在如火如荼地进行。这一点尤其正确，因为在20世

---

① 马克思出生在普鲁士王国，该王国是1871年德意志统一的主要推动者。然而，当时的德语地区存在文化、宗教、习俗等多方面的巨大差异，同今日的德国有着许多不同。

纪的大部分时间里，竞争不仅仅是在共产主义与某种形式的民主之间，还包括在这两者与明确的威权主义选择之间，后者愿意牺牲自由以追求政治秩序、文化和道德的确定性，而不是追求更高的自由。法西斯主义的挑战对20世纪的许多政治参与者来说与共产主义的诺言同等重要，对其中一些最严肃的人来说甚至更加重要。

近代政治问题的迫切性在乔治·奥威尔对自己写作工作的反思中显现出来。在《我为什么写作》中，这位政治至上的作家将自己描述为"天生"更多地受到审美愉悦、记者报道的本能和纯粹的自我主义的驱动，而不是通过写作影响政治的欲望。"在和平的时代，"他沉思道，"我可能会写一些华丽或者纯粹描写性的作品，并且几乎不会意识到我对政治的忠诚。"相反，为了直接回应他在西班牙内战和第二次世界大战中的经历，"自1936年以来，我所写的每一行严肃的作品都是直接或间接地反对极权主义，并支持我理解中的民主社会主义的；在这个时代，认为自己可以避免写作这类主题似乎是无稽之谈。每个人都以这样或那样的形式来描写它们"。

奥威尔的言论阐明了为什么托马斯-曼——他更多的是研究灵魂而非国家机构的学者——会在同一时期宣布"人类的命运呈现出政治的形式"。严肃作家通常都对"人

第二章 政治的失能

类的命运"有所表述，尽管他们可能不喜欢如此宏大的措辞。在人类的命运公开面临争议、迫切需要解决的时代，这一点尤为真确。在奥威尔和托马斯-曼的时代，几乎没有人会怀疑政治——思想、政党、阶级和军队的运动——是解决这一系列最严肃问题的领域。没有任何逃脱的方式，寻求逃避只会带来逃避现实的结果。

今天，所有这一切看起来似乎都很深奥，甚至像是天方夜谭。这标志着政治抱负的范围已经大大缩小。在20世纪初，杰出的知识分子如埃德蒙·威尔逊①和约翰·杜威②非常认真地对待共产主义思想，后来又对社会主义思想持同样态度。与他们同时代的约翰·里德③是这一代最有才华的记者之一，他与成千上万的美国作家、艺术家和普通公民一样，为苏联事业奉献了自己的一份力量。没有人可以成为严肃的政治学者而不解决这些人所关注的问题。这一

---

① 埃德蒙·威尔逊（1895—1972），美国批评家、记者，被广泛认为是20世纪最重要的文学批评家之一。他是美国共产党的支持者，并谴责美国的冷战政策。他曾激烈地批评包括洛夫克拉夫特、托尔金、毛姆等人在内的作家。

② 约翰·杜威（1859—1952），美国哲学家、教育家，实用主义哲学的代表人物。他是胡适、冯友兰、陶行知等人的老师。

③ 约翰·里德（1887—1920），美国记者，著有《震撼世界的十天》。

切的重点并不是要重新激起那些辩论——在重要方面，它们现在已经太过遥远而无法恢复——而是要让人们理解当时的政治是赌上身家性命的。

这些利害关系并不仅仅取决于革命。撇开那种极端的想法不谈，事实是，直到最近，世界各国仍然受到几种不同类型的政治抱负的驱动，这些抱负塑造了各地的国内政治。一些国家将马克思的理想视为官方的准绳。其他国家，如瑞典和德国，旨在实现团结和经济公平，创建了既与社会主义又与无限制的市场有共同之处的体系。更激进的抱负已经成为这些国家政治的主流：在20世纪80年代，法国政府中仍有坚定的共产主义者；到1990年，英国工党的纲领仍呼吁对主要产业进行国有化。这些相互竞争的愿景使政治成为各种社会形式之间的选择。即使在政治光谱比大多数国家都要窄的美国，准社会主义的进步派亨利·华莱士①也在1948年成为真正的总统候选人，而直到1972年，民主党人乔治·麦戈文②都在提倡一种带有明显欧洲式社会民主特征的政治。谈论"悄然渗透的社会主义"的保守派

---

① 亨利·华莱士（1888—1965），美国罗斯福时期副总统。1948年退出民主党，成立进步党与杜鲁门竞争。

② 乔治·麦戈文（1922—2012），前美国参议员，1972年民主党总统候选人，败于尼克松。

第二章 政治的失能

不仅仅是在进行煽动,而是承认在政治决策中存在着关于社会和经济组织的真正问题。

如今,即使是真正的分歧也似乎消失了,许多激发想象力的政治力量也随之消失。全球范围内的政治已经陷入紧密的新自由主义羁绊之中。从斯德哥尔摩到德里再到雅加达,市场政策方兴未艾,主要的政治问题不再围绕公平,而是围绕效率。过去十年中最重要的政治事件是国家社会主义在经济、政治和道德上的失败,以及随之而来自由市场的扩张,其中最戏剧性的例子是苏联集团的崩溃。即使它不能证明自由市场的卓越性,这些国家留下来的贫困和压迫的遗产也提供了鲜明的案例来反对20世纪的主要替代方案。在同一个年代,在印度实行了近五十年的半社会主义政策并经常发表坚定的社会主义言论之后,拥有世界上百分之四十贫困人口的印度向外国投资敞开了大门并进行了市场改革,使它走上社会主义发展道路的想法遭遇了可能是决定性的失败。在世界各地,国际货币基金组织(IMF)已向各国通报,国际支持与预算纪律和新自由主义市场改革有关。

虽然人们对国际货币基金组织的政策和其他新自由主义政策的预制性质有怨言,这些政策往往将经济学家所钟爱的供需曲线套入普洛克路斯忒斯之床①，但最严肃的反对意见也近乎狡辩而非谴责。这是因为新自由主义的崛起并没有被看作党派恶行，而最多被视为一种历史的劫掠。几乎没有人认真考虑过与自由市场相对立的替代方案，因为没有人提出一个可行的方案。欧洲的社会民主党在政策边缘争论着该保留多少福利体系，甚至东欧前共产党人也认为自己与自由派的区别在于经济改革的步伐，而不在于经济改革的适当性。实际上，在经济需求面前，许多旧的政治区分几乎变得毫无意义。波兰相对成功地向自由市场转型是由前共产党人政府主导的，而捷克则在东欧最坚决主张自由市场的瓦茨拉夫·克劳斯②领导下，因腐败的私有化以及未经改革的医疗和养老金制度陷入困境。印度民族主义的印度人民党在1998年竞选中大肆宣扬经济自力更生，

---

① 普洛克路斯忒斯是希腊神话中的一个强盗，乃海神波塞冬之子。他开设黑店，拦截行人。店内设有一张铁床，旅客投宿时，该床将身高者截断，身矮者则被强行拉长，使其与床的长短相等。由于普洛克路斯忒斯秘密地拥有两张长度不同的床，所以无人能因身高恰好与床相等而幸免。后来英雄忒修斯前往雅典时，路过此地，以相同的方式将其杀死。"普洛克路斯忒斯之床"意思近似于中文的"削足适履"。

② 瓦茨拉夫·克劳斯（1941— ），捷克政治家，1992—1997年任捷克总理，2003—2013年任捷克总统。

第二章 政治的失能

却在上台后宣布将继续经济自由化，并称自力更生是"一种心态"。当然，关于如何最好地让新市场发挥作用，还存在一些重要问题。然而，这些问题与19世纪的问题非常不同。它们问的是，在现有的制度和政治安排下，"我们应该如何实现这一目标"？无论多么有趣和重要，这都不过是技术性问题。在这里，没有诸如"我们要往何处去，我们将成为什么样的人"这些问题的容身之所，即使它们长期以来都使政治成为最基本的道德场所。

确实，现今许多国家的外交政策都基于这样一种信念：我们都走向同一个目标。美国对一些国家侵犯人权的纵容在于坚信市场是不可抗拒的和平稳定因素，那些拥有麦当劳的政府不仅不会轻易相互发动战争，而且最终会举行自由选举并克制对待自己的公民。根据这一理论，经济自由产生独立的中产阶级，而中产阶级反过来又成为抵抗政府滥用职权的支柱，并且仅仅为了捍卫自己的利益，他们就会倾向于推动实行自由的政治制度。按照这种观点，政治应该退居二线，让经济发挥主要作用。然而，关于这一理念的经验证据好坏参半，包括巴西在内的许多国家都表明，退缩可能意味着容忍一系列可怕的现象。由于道德上的反应对这种自满情绪产生了反作用，国际人权倡导吸引了许多坚定的男男女女，并成为政治中为数不多的增长领域之一。然而，这只是一种微调舵角的努力，往往只是为了挽救特定的个体，还远远没有恢复政治能够重塑世界的旧有观念。

当构造世界的政治在国际上崩溃的同时，美国特有的政治转型之路也已疲惫不堪——也许这只是暂时的，但它给人留下的印象却是普遍存在的。尽管美国政治很少致力于改变整个人类的困境，但其20世纪的最高目标是克服这一困境的两个顽固特征——种族分裂和贫困。有一种在"新政"时期发端，而在20世纪60年代攀至顶峰的想法激励了美国政治：明智而宽宏的政策可以永远消除这些持续的危机。在20世纪60年代，林登·约翰逊发起了反贫困战争，推出了福利津贴、食品券和社会医疗保健计划，旨在消除美国的普遍贫困。然而，这在1996年受到了国会的攻击。

有一个例子特别能说明问题。最近种族政治的试金石——平权行动，起初被设计为美国黑人实现真正机会平等道路上的权宜之计，该政策的支持者和怀疑者都认为国家已经开始走上这条路。正如内森·格莱泽于1998年在《新共和》杂志上观察到的那样，参与设计平权行动的人当中没有人相信，在三十年后，它仍然会成为一种问题；它应该变得多余并逐渐消失。

第二章 政治的失能

如今，在美国文化中，平权行动的意义已经完全改变。它象征着种族分裂问题的棘手特点，以及政府在这些问题上深刻而模棱两可的影响。对政策捍卫者来说，这些曾经与无限乐观的设想联系在一起的政策如今成了在不公正中保持体面的努力，尽管这种不平等正在缩小，但并没有消失的迹象。平权行动和"向贫困宣战"运动的另一个遗产——福利制度，之所以受到捍卫，不是因为它们承诺消除基本问题，而是因为当这些问题似乎无法被消除时，忽视这些问题似乎变得更加残酷。如今，福利政策的捍卫者常常发现自己在说着早期政策的反对者可能说过的话，即贫困永远存在，无法仅仅因为愿望或意志的力量消失。政治可能是我们应对这些问题的主要方式，但如今它并不能承诺克服这些问题。

重要的是不要将20世纪的美国政策与更激进、普罗米修斯式的目标混为一谈。它们明显不是一回事。人类也许无法像20世纪的革命者所希望的那样彻底改变自己，但他们肯定可以从现在开始改善自己，这就是美国希望的核心。但关键是，这两个相关的雄心壮志同时也在缩小。在1974年之后成年的美国人从未见过除公路维护和小规模战争之外政府还进行过其他大规模项目，而其中只有一小部分人认为这是政府应当做的事。即使他们认为政府应该承担此类工作，也很少有人能够说出政府应该如何开展这些工作。在这种充满怀疑态度和深切矛盾心理的气氛中，政治希望几乎没有什么支撑。

所有这一切都限制了任何阐明政治目的的尝试。相信政治能够"改变世界"（这个词现在说起来已不乏无奈的讽刺意味）对这个问题提供了强有力的回答。"政治斗士"长期以来是这个国家政治中的突出类型。它以马丁·路德·金等公共梦想家为化身，激励了许多政治家和更多毕生致力于政治的活动家。站在历史正确的一边，甚至推动历史的进步，都不是一项微不足道的事业。此外，不论是激进的普罗米修斯式政治还是更温和的美国"变种"，它们都向参与者承诺了一些非凡的东西：实现他们的政治目标，无论是在有生之年还是以后，都将弥补他们所有的牺牲。这将使他们的生活变得有价值和有意义。借用两个宗教术语来说，政治是末世论的，因为它承诺以根本方式改变人类的境况；它也是救赎性的，因为它能够让我们支离破碎、沮丧而痛苦的生活变得有意义。只要创造世界式的政治是可行的，这种态度似乎就是合适的，甚至是崇高的。当这样的政治变得不可行时，"政治斗士"的姿态便成了异想天开，试图扮演一个在现实世界中已经不存在的角色。在缺乏变革性政治的情况下，我们是否能够找到另一种方式来

第二章 政治的失能

在政治中实现我们最崇高的动机,这已经成为一个关键的问题。

治疗性政治

想象一种能够改善一切的政治,它能够结束种族分裂,解决困扰社区的问题,用郊区宁静的田园景色代替暴力和淫秽。现在想象一下,这种政治不需要任何努力、冲突或牺牲:为了实现这些变革,我们只需要明确而真诚地说出"我们希望这一切发生,拜托了"。这听起来就像《绿野仙踪》中的场景,即穿着红宝石鞋回到田园诗般的堪萨斯州。

这听起来可能也很熟悉。这就是十年来为恢复政治的旧有力量所做的最明显努力的基调。它始于希拉里·克林顿被人嘲笑但实际上相当悲情的演讲,即呼吁恢复"有意义的政治"。然而,这一准倡议消散在其自身的轻薄之中:显然它只是一种情绪而不是具体的提议,它能够引起片刻的同情,却无法付诸实际的具体行动。不过,相同的观念找到了一些具体承载的形式。它们构成了普罗米修斯精神的内在转向,即用改变自己的情绪来取代改变世界的目标。

因此,它们所激发的这种政治类型可以被称为"治疗性政治"。虽然它出于善意,但它找不到将意图转化为行动的方法。实际上,它是人们对空想的效力所抱有的普遍信念的一种政治变体。

治疗性政治中最雄心勃勃的举措是比尔·克林顿在丑闻阻碍其总统任期的前一年提出的重大"倡议"。总统在费城举行的社区服务峰会率先拉开了序幕。由政治家、倡导者和实际社区成员组成的跨党派团体围绕着"社区服务是一件必要的好事"这一毫无争议的主题进行了各种表演。克林顿总统不放过任何机会提及他的全日制年轻志愿者计划,并亲自参与了一些工作,比如敲钉子。然后,在为社区服务尽了自己的一份力量后,大家就回家了。对于每天为社区服务的人们来说,这次峰会除了让克林顿和1996年共和党副总统候选人杰克·坎普对他们的工作表示认可,什么也没有带来。

同样一种虚无缥缈的善意围绕着政府对种族问题的处理,这被宣传为克林顿第二任期的核心内容。众所周知,总统提议美国白人就国家奴隶制和种族歧视的遗留问题向黑人正式道歉。他还建议,如果道歉显得过于强烈,我们至少应该就种族问题进行"全国性讨论"。然而,他本人在"讨论"中的参与总是零零散散的,甚至算得上毫无头绪。他任命了名为"同一个美国"的小组——没有任何官方权力，负责"研究"美国的种族问题。该小组一开始就白人－亚裔种族主义与白人－黑人种族主义有何不同争吵不休。批评家们认为该小组没能包括平权行动的反对者，这让该小组感到恼火，然后它就退出了人们的视线。1998年9月，它再次出现，但没有提出新的政策或进一步的倡议，只是提出了一个建议，即该小组应当被设立为永久机构。

这些例子并非偶然。它们备受瞩目的形象、道义的完美以及空洞性使它们成为治疗性政治方法的典范。政府许多引人注目的行动都展现了同样的精神，尽管没有那么明显。1997年6月，克林顿召集了一个由"商界领袖、教育工作者和家长代表"组成的小组，讨论制定有关正在野蛮生长的互联网上的性和暴力问题的"自愿标准"。在《华盛顿邮报》的头版报道和一些关于我们共同价值观的重磅言论之后，这种努力就消失了。八月份，克林顿宣布了一项针对糖尿病的"21亿美元计划"，引起了广泛关注，经审查，该计划主要指出了长期存在的支出。这笔钱仍在使用，就像"倡议"之前一样。这位总统的做法是通过很少做的事情来吸引公众的眼球，但这些事往往极具道德分量。

缺乏权力或毫无顾忌的政治家总是更喜欢言语但不行

动。然而，当前的倡议、峰会和运动并没有流露出自私自利的情绪。相反，最令人不安的是他们的诚意以及他们发出的以真诚的言论代替行动的邀请。不少观察家指出，克林顿总统似乎真诚地相信他此刻所说的一切，即使这些言论与他同样相信的其他声明不一致，而且他有一种神奇的本领，即能够让他人也信服他的短暂信念。然而，在这些共情时刻中，有些东西是徒劳的。道歉的想法并没有解决白人家庭和黑人家庭之间的巨大财富差距，也没有解决入狱罪犯与大学毕业生之间同样令人不安的比例失调问题。单凭情感本身并不能改变社会现实。还有另一个问题，那就是总统对道歉概念的运用方式。道歉的力量来自行为者和受害者之间的相互回应。如果我向你道歉，那么我承认我犯下了某种特定的伤害，同时认识到你作为一个人的重要性：你很重要，所以伤害你是错误的，需要道歉。道歉消除了有意造成伤害所带来的暗示，即受害人的价值低于施害者的。这可以被称为一种道德恢复的行为。这种相互回应在我们试图从个人关系转移到整个人群和机构时变得脆弱。当一个人群的高层代表向另一个人群"道歉"时，这种行为不可避免地更接近于张贴广告牌，而不是向对方伸出援手。道歉在解决特定行为时最有效，因为伤害主要存在于行为本身中。如果伤害嵌入在复杂而持续的不公正遗产中，道歉的力量就越小。对我们现在共同面对的经济、社会和文化状况"道歉"相当于对这些状况表示悲叹，而不是采取任何措施来改变它们。道歉表面上解决的伤害现在就存在于这些情况本身。道歉无法减轻这种伤害，因为这是每天的现实。

因此，对奴隶制的全国性道歉是毫无意义的。它甚至不可能作为一种有意义的行为而存在。然而，有可能的是采用道歉的修辞，以及其所有的道德严肃性，给肤浅的声明带来重要的印象。这些修辞描述了一些深刻的事情，巧妙地运用它足以创造出一种发生深远变化的错觉，认为事情已经得到了纠正。对道歉的援引表明，美国白人可以享受真正的道歉所带来的良心净化。它提供了一种让人感觉更好而不是去做到更好的方法。以沉重而激励的语气谈论社区服务具有相同的效果。庄严地敦促传媒营销人员坚守传统价值观，可以在缺乏新的道德或政治努力的情况下传达出道德成就感。这种政治提供了善良、宽容甚至赦免，而无须付出任何努力。

当下政治的治疗性转向与两种趋势有关。第一种趋势可以被称为"百忧解道德"，即道德关切主要涉及一个人对某事的感受方式。（我并不是要否认精神药物可以帮助许多人克服情绪困扰，这通常可以让他们自由地处理潜在问题。我的观点是，在一种忽视根本问题而倾向于缓解症状的文化中，此类药物很容易被滥用。）事物本身，比如种族不平等，只是人们情绪的挂钩。按照这种观点，道德感知与其说是指注意到某些事情是错误的，不如说是指我们对此感觉不好。那么，道德行动意味着改变我们的感受，而道德成就不是意味着改变世界，而是让我们自己与在世界上发现的一切和解。如果我们能找到一种方法来感觉良好，那么它一定是好的。

很难不在精神医学领域的过度行为中看到这种态度，一些不负责任的从业者会分发药物，帮助人们适应过去经历的任何事情。同样的态度也在年轻的专业人士中表现出来，他们怀疑对某个职业或生活方式说出比"这不令人满意"更糟糕的事情是粗俗的。表达对华尔街的厌恶，因为你不想与贪婪、肤浅的同事一起每周工作一百个小时，这是可以接受的。但是，反对在华尔街工作主要相当于重新安排富有的投机者的钱的说法，就带有一种自以为是的假清高感，而且没有考虑开始在华尔街工作的同龄人的感受。年轻的经纪人可能会承认他们的工作在社会上的可疑性，但仍然觉得很好，因为他们想获得财富的舒适感；这是可以接受的。然而，任何坚持认为这种工作根本不合适的人都会招致阴阳怪气的人使用他们最喜欢的说辞：把原

第二章 政治的失能

则重新解释为一些心理症状。"是什么让他如此烦恼?"这种个人道德观越来越被归结为这样的观念:愉快的情绪是好的,最后只有不愉快的情绪是坏的。这种短暂的要求道歉的呼声回应了这种态度。基于理解到道歉主要对富人的良心有益,要求道歉意味着认为种族不平等的问题扰乱了一些本来舒适的人。如果这是真的,解决办法就是找到一种让这些人更加舒适的方式。当他们感到足够安逸时,问题就会消失。不管它作为个人道德的优点是什么,这种态度对于更传统的政治参与来说就是一种潜在的威胁。因此,在传统政治工作最不可信的时候,出现这种态度也就不足为奇了。

治疗性政治也呼应了身份政治的影响。身份政治基于性别、性取向,但主要是种族和族裔。它认为政治的目标不仅仅是给予人们教育和工作,更重要的是给予他们认同感。例如,身份政治要求美国白人承认黑人很重要、有价值、值得尊重,仅仅是因为他们身为黑人。在这种观点中,最大的政治失败是没能认可他人,从而对特定群体进行有组织的侮辱。

这并不是一个愚蠢或无足轻重的观点。认可确实很重要。例如,在亚拉巴马州,坐在公共汽车的后排并不是什么大不了的不便之事;然而,当法律强制要求时,它宣告了一个群体在国家和代表它的文化中是次等公民。[①]同样，直到20世纪60年代末某些州才废止的跨种族通婚禁令，即使不经常执行，也宣告了一些夫妻是不正常且不值得被认可的。这些都是严重的冒犯行为。

然而，身份政治容易被滥用。它的担忧可以通过简单的修辞来处理，而更具实质性的政治计划则不然。身份政治表明，奴隶制遗产的主要问题是它陷入了对美国黑人的持续不尊重之中。这肯定是有道理的。现在，如果总统代表所有美国白人对黑人遭受的种族主义经历表示真诚的尊重和遗憾，那么至少有充分的借口可以说身份政治的要求已经得到满足。而对于一个致力于解决收入不平等、内城区学校资金等问题的政治方案，人们不会犯同样的错误，将道歉与其相关联。

治疗性政治带来的风险超出了政治领域。道歉等做法对我们的生活至关重要。然而，当这些实践及其表达方式被作为政治手段炫耀时，它们不可避免地会贬值。当道歉

[①] 联合抵制蒙哥马利公车运动，美国一场大规模反对种族隔离的社会运动，起因是黑人女性罗莎·帕克斯（1913—2005）拒绝听从蒙哥马利公交车司机的要求，不肯给一名白人乘客让座而引起。帕克斯拒绝让座后被逮捕，此事件成为民权运动的开端。

第二章 政治的失能

成为漫画①的主题时，我们很难不怀疑私下里的道歉是否在模仿它。任何表达同理心、道歉或赎罪的私人行为都必须与这些思想在政治中的贬值做斗争。如果将道德变成空洞的公共仪式，我们也就掏空了它在私人领域内的力量。在这方面，治疗性政治与越来越普遍的阴阳怪气有关。然而，更大的风险不是私人层面的，而是公共层面的。只有道德言辞而无实际行动会导致政治与现实逐渐脱节。政治家的言辞总是与幻想相交织，但同时政治也依赖于这样的信念：有时候，言语就是行动的一种方式。当言行之间的联系完全丧失时，政治就会消亡。

无论其优点如何，政治远非产生自我满足感的高效方式。正如好莱坞通常比华盛顿更能提供娱乐价值一样，真正的治疗或药物会比"百忧解道德"政治更加吸引找寻自我的人。值得注意的是，治疗性政治的热衷者主要是政治家和其他公众人物，他们致力（或被困）于公共机构，并试图找到一种摆脱当前困扰着公共机构的矛盾心理和精致利己主义的方式。这不是赢得皈依者的方式，而是一种团结摇摆不定的信徒的尝试。治疗性政治是政治面对疏离政治的文化屈服。

---

① 这里的漫画是指"caricature"，意为夸张的讽刺性漫画。

恢复公共领域

政治的悖论在于它试图让自身变得不再必要。除了少数例外,对于"政治的目的是什么"这个问题,可信的答案并不在于政治本身。相反,政治的目的是确保政治领域之外的生活方式。宪法的政治结构保护私人生活和自愿组织,这对大多数人来说是其最重要的成就。19世纪美国废奴主义者参与了一场公开的斗争,旨在使黑人以人的身份而不是作为财产过上体面的私人生活。对他们来说,政治是一种必要的手段,但绝不是目的。对扶贫运动的策划者来说,成功意味着扶贫计划的消失,正如民权领袖及其盟友将平权行动视为一种暂时措施——随着公平经济的到来,它将消失不见。总的来说,我们不希望成为国会议员或政治狂热者,而是希望拥有属于自己的生活。政治是确保和改善这些生活的途径。

即使是最极端的普罗米修斯式雄心也接纳了这个悖论。政治只是通向自由的途径。因此,不管是在《连线》的夸张报道中,还是在《快公司》更有分寸的话语中,当代最赞美个人自我创造的态度,而对政治的态度从路人的冷漠到彻底的敌视,都不足为奇。这些态度相信,个体解放已经实现,或者就在下一个地平线之外。数字人士或自

第二章 政治的失能

由职业者的自由包括摆脱政治影响的自由。从这种信念的角度来看，政治看起来就像是对缺乏自由的人的无聊事务的无谓迷恋。

谨记政治并非为自身而存在有助于清楚地理解为何过去一个世纪的某些政治形式看起来如此扭曲。普罗米修斯式的目标需要对政治的奉献，如果革命不会很快到来，那将变成一种毫无乐趣的例行公事。奥斯卡·王尔德曾经观察道："社会主义的问题在于它夺走了太多的夜晚。"如果社会主义从现在到永远只是晚间会议，没有更美好的世界展望，它确实是一种乏味的信条。在政治承诺的另一端，当代将政治视为一种自我封闭、小圈子里的游戏的观念尤其令人沮丧，因为缺乏在自身之外的目的的政治根本就是无头苍蝇。当代政治家几乎类似于王尔德笔下的永恒的社会主义者，多了一些财富和影响力，却没有改善世界的期望。

那么，政治的前景如何？它应该以何为目标？哪些目标仍然可行？我所调查的每一种政治态度都对这些问题给出了自己的评估。对于普罗米修斯式的态度来说，政治是一个支点，我们可以以此转动人类存在的重大主题，并从根本上改变我们的处境，使我们成为一种不同的存在；如果卢梭或马克思的愿景取得成功，政治将渗透并重新塑造历史上最宏大的领域和个人体验中最亲密的空间。治疗性态度的目标是一种同样具有戏剧性的变革,但其出发点不同:它不是通过侵入外在历史来重新塑造人的灵魂,而是进入灵魂,以赋予历史新的方向。雄心是相同的,路径却大相径庭。

还有一种态度是绝望、怀疑的态度,坚持要求政治从更遥远的领域撤退。在这里,政治是治理机构的狭隘问题——与其说是明智地使用这些机构,不如说是争夺对它们的控制权。任何更雄心勃勃的尝试都会造成过度扩张和混乱:当政治旨在变革时,它是不合时宜的,而且可能是危险的;而在治疗性政治的事业中,它主要是怀旧和愚蠢的。在这种态度中,政治被严格限制并在这种水平上保持。这样一来它能造成的伤害很小,与我们真正的道德目标主要没有关系。

以上这些并不是一组诱人的选择。如果可以自由地在选择其中之一或者完全对政治进行否定这两个选项中做出选择,我们可能会选择第二种。如今,许多人相信他们确实已经做到了这一点。这种信念引发了一个问题,即我们是否有权利做出这种选择。我发现,我无法在思考这个问题时不去想一个人,尽管他的时代和国籍与当代美国政治和文化的讨论似乎有些遥远,他就是16世纪的法国人米歇

第二章 政治的失能

尔·德·蒙田。不论蒙田的年代和国籍如何，他属于这里的首要原因是，他是真正现代形式的反讽怀疑主义之父。在《宋飞正传》以及将政治视为自私自利的游戏的观点中，都有他不为人知的身影。

蒙田以散文家身份为后世所知，他是现代散文的发明者，也可以说是将写作视为自我探索形式的现代奠基人。卢梭认为他是"通过阅读个人生活来研究人类内心"的开端，这种方法为小说家和心理学家所共享，他们的工作在很大程度上定义了现代经验。他对潜藏在人类动机幕后的黑暗肮脏进行的反思，以及对虔诚的宣言未能表明良好的性格或产生健全的行动的反思，使他发出了对当代反讽者而言可能成为座右铭的话："有两件事我始终发现是一致的：超天思想和入地行为。"蒙田会欣赏，并且毫无疑问地能够超越后来愤世嫉俗者的宣言："他越是谈论自己的荣誉，我们就越快数清我们的勺子。"① 然而，与当代许多怀疑论者不同，蒙田的讽刺态度源于对人性最恶劣一面的长期体验。他生活在欧洲宗教战争时期，正值新教改革之后。这场战争将旧信仰与新信仰对立起来，直接导致国家、城市和家庭的分裂，包括蒙田自己所处的环境。战争的暴行

---

① 爱默生名言。

令人震惊,对于蒙田这样的天主教徒、一个认为人类理性无法回答终极问题的信徒来说,战争也是徒劳的。那些被宣传为战争基础的问题,除信仰之外,是无法得到任何答案的。蒙田像今天的讽刺作家一样,将政治视为一种病症,认为其是骄傲、野心和自以为是的冲动的暴力表达,身上披着信念的外衣。

尽管蒙田认为他所处的时代是一个灾难性的时期,但他怀疑大部分的人类历史,尤其是在政治舞台上,都是一连串的灾难。他以今天难以想象的方式接受了古典教育,七岁之前只讲拉丁语,在他自己看来,他几乎是所崇拜古代作家的同时代人。他的散文中充满了他所描绘的各个时代的流血、毫无意义和错误导向的战争,以及有意为之的残忍。他思考着阿兹特克祭祀的暴力行为,将其视为欧洲人在新大陆上的暴行以及在他们自己的战争中对彼此的暴行的反常二重奏。在其他人可能看到希望之窗的地方,他看到的是一面黑暗的镜子。

尽管如此,当蒙田退居书房开始写作《随笔集》时,他已经多次担任波尔多市长,并在宗教战争中以皇家顾问和斡旋者的身份小有成就。此外,他多年的写作产生了非凡的成果。蒙田并没有为了私人享乐和生活中的小幸福而放弃公共事务,而是用了很多篇幅来探讨他与他的同胞和古人所共同面临的不幸境遇。作为一个共同的问题，每个人都被紧紧捆绑在其中，而任何诚实的人都必须与之抗争。他创作《随笔集》的目的正是通过阐明残忍性和危险的自我确定性来克服它们。

他典型的随笔是对确定性的令人不安的攻击，其中他用一种观点反对另一种观点，以一种令人困惑的能力在这些观点之间移动，使一种观点看起来和上一种观点一样可信，但又不比下一种观点更合理。这些展示的结果是一个挥之不去而又略带几分指责性的问题：你为什么认为你是对的？你这不就是狂妄自大吗？你的信誓旦旦可能会导致什么样的伤害？他用残酷、有时令人痛苦的大屠杀、酷刑和错误处决来加强这种指控，这一切都是由太过自信的人执行的。与此同时，蒙田描绘了一个人们如何参与政治而不屈服于政治罪恶的图景。最重要的是，他敦促人们时刻警惕自己过度的自信。"事物应当触动我们，只要它们不占据我们的内心。"他说，他只是以适度和平静的态度"对整体和公正的事业有所执着"，没有"深入并做出损害自己判断和良知的承诺"。允许政治承诺变得"深入"就像是将自己的灵魂打造成政治的武器："我们无须用那些钢板来使我们的心变得坚硬。让我们的肩膀坚硬就足够了。仅仅将笔蘸入墨水，而不是血液，就足够了。"他永远不会允许自己在道德上与任何政党或事业相同，坚持认为他对盟友更持怀疑态度并对敌人更钦佩，而不是相反。他认为这是参与政治而不被淹没其中的唯一方式。

然而，为什么要参与其中呢？蒙田之所以选择参与政治，并不是因为他认为政治是一件好事，而是他认为参与政治是必要的，是从道德上无法逃避的。这或许是他作品最令人印象深刻的特质。他的理由是，他所畏惧并鄙视的由卑鄙的动机、崇高的思想和言辞以及可怕的行动产生的不幸混合是普遍的问题。他写道："从来没有哪种观点如此混乱，以至于能够为背叛、不忠、暴政和残暴辩护，而这些是我们的日常恶习。"这些可怕的"恶习"既是不可原谅的，又是"日常"的，广泛存在且司空见惯。它们无法被消除，而敏锐地察觉到它们就会产生一定的责任，其中之一就是在公共世界中与之斗争的责任，而不仅仅是默默地服务和抵制它们的冲动。想象一下，仅仅因为这些日常恶习在政治中表现得如此强大，就可以通过放弃政治来克服它们，这是一种自欺欺人的幻想。

因此，作为热爱和平、有良好交往和宽容精神的人，蒙田有义务正确地指称傲慢和残忍，并将它们曝光，利用公共手段来保持文明社会的可能性。出于恐惧，他培养了一种幽默的讽刺感；但从反讽中，他形成了一种对政治的

第二章　政治的失能

强烈矛盾心理。他实践并提倡一种不以改变世界为目的的政治，但可能有助于保持世界的一些最佳可能性。这个观点认为，政治是与那些可能无法根除的邪恶做斗争的不可或缺的一部分，致力于保护不完美但无价的善。在蒙田的传统之后，有一批思想家并不通过政治来考察人类状况，而是通过人类状况来走向政治。蒙田的同胞阿尔贝·加缪就是其中之一，可以说乔治·奥威尔也是如此，尽管两人都受到与蒙田截然不同的时代目标的深刻影响。也许这一传统中最杰出的美国代表是梭罗，他的《瓦尔登湖》尽管有肤浅的流行特征，但仍然是一部关于个人对共同事物的责任范围和性质进行反思的非凡著作。

我们是否可以得出与蒙田对其时代政治看法类似的结论，即政治是必要的，并且是出于不那么令人遗憾的原因？我们可能会怀疑这种可能性。毕竟，他和他的后学们大都在可怕的政治戏剧背景下写作，而我们首先观察到的是公共生活的平庸。尽管如此，我们仍然可以找到一种思考政治的方式，其中体现了蒙田的一些精神。也许更准确地说，这是一种思考公共生活的方式。它始于我们认识到，与当下的幻想相反，公共生活和公共机构永远不会过时。我们的私人生活——工作、家庭、朋友圈——普遍受到那些永远无法成为私人事务的东西的影响，如法律和政治制度、经济和文化。如果我们忽视这些本质上是公共事务的问题，就有可能误解自身的福祉。而这种误解会促使我们忽视公众的关切，从而使公共领域变得匮乏，并最终侵蚀良好的私人生活的基础。实际上，公共领域和私人领域的相互依赖性非常大，以至于很多时候将它们分开讨论都会带来误解。

我们可以得出结论：公共生活仍然很重要，不是因为它能从根本上改变我们，而是它是我们应对某些可能永远无法完成但又不能允许自己忽略掉的任务的唯一方式。这些任务是维护性的，用来保持私人生活和与之相伴的公共生活的完整无缺。它们并不排斥某些类型的变革，而是先于变革发生并保存变革成果。有时维护需要培养我们最好的品质，有时则意味着认识和抵制我们最糟糕的品质，而且始终需要关注我们身处何处，我们正在成为什么样的人，以及我们认为自己适合成为什么样的。这正是现行的政治方法所未能做到的——一种理解我们在公共工作中所做的事情以及为什么这项工作是必要的好的方式。

第三章

公共实践

每个人都自我封闭，几乎不关心其他人的命运。对他来说，人类只包括他的孩子和私人朋友。至于其他同胞，他们离得很近，但他也没有注意到他们。他与他们接触，但没有任何感觉。

——阿历克西·德·托克维尔，《论美国的民主》

第三章 公共实践

有时候,我们的话语会失去控制,它们同它们所代表的事物脱节。几乎每个人都曾经重复常见的词语数十次,直到它突然变得陌生,成为一串脱离了熟悉含义的陌生音节。这可能会带来一种眩晕的感觉,一种令人目眩的不确定感,让人怀疑任何事情是否都是表里如一的。① 不过,失去一个词的更简单的方法是停止思考它。当我们以常规方式在足够长的时间内使用一个词时,我们可能会完全忘记它的含义。我们甚至可能会忽视它已经不再具有意义的事实。有些词就像幽灵一样存在,没有肉体,在我们中间游荡,依稀唤起对生者而言已经遗忘的旧剧和悲剧的回忆。

我们主要的幽灵词之一就是"公共"这个词。就像其

---

① 这一现象被称为语义饱和,是一种心理学现象,是指人在重复盯着一个字或者一个单词长时间后,会发生突然不认识该字或者单词的情况。

他许多幽灵一样，它有着卓越的血统，但在这种情况下并不是指来自王室的。它源自拉丁语的"publius"，意为人民。它是"共和国"（republic）这个词的词源，原意是指由人民统治的领域；它最亲密的表亲是提供啤酒的"酒吧"（pub），该单词是"公共酒吧"（public house）的缩写。在18世纪80年代对美国宪法形式进行激烈辩论时，詹姆斯·麦迪逊和其他开国元勋以"Publius"为笔名写下他们的小册子。在年轻的共和国里，为公众说话的想法足够重要，以至于最严肃、高尚的人物都在试图将"publius"人格化；公众在原则上统治，其拟人化在事实上统治。

如今，这个词已经失去了它的领域。它的用途就像是支离破碎的帝国中四分五裂的省份。我们所说的"公共"并不是指它本身，而是其他短语的一部分，我们在使用这些短语时大多不加思考。我们有公立学校，关注（或嘲笑）公共舆论，听说过但并不参加公共会议，怀疑人民公仆和公共知识分子的存在。其中最可能反映问题的是与公立学校相关的内涵，以及公共公园、公共厕所和公共诊所——这些都是其私人对应物的低等版本。它们破旧不堪。如果是在室内，它们的气味闻起来就像是散布在一层污垢上的消毒剂。使用它们的人是穷人、不幸的人和没有抱负的人。

因此，在流传最广的观念中，公共就是政府为那些

第三章 公共实践

没能力负担私人事物的人提供的东西。自由主义者查尔斯·默里[①]在他的著作中表达了一种普遍的看法，他写道："日常生活的现实是，总的来说，政府所做的事情往往是丑陋、粗鲁、邋遢，并且效果不佳的；而私人组织所做的事情往往是吸引人、礼貌、整洁，并且有效的。这才是美国的真实面貌。"还有"公共舆论"，这是民意调查员和评论员归于"美国人民"的观点。总的来说，这已经成为通过统计汇总而使不知情的态度变得体面的简称。公共舆论是通过把复杂的问题简单化来收集的，要求非黑即白的答案——这可能是为了让受访者显得愚蠢。它不应该被认真对待，也不应该在任何人的深思熟虑中被权衡，除非是那些正在谋划战术的政客。毕竟，我们认真对待某个观点，是因为我们尊重持有该观点的人的品格和判断力，或者是因为我们被其背后的理由所说服。这两者都没有理由让我们高度尊重公共舆论。公共舆论以匿名的方式传达给我们，没有论据，并且几乎可以肯定其中一部分来自我们在现实中并不尊敬的个体。就像公共设施是私人设施的劣质版本一样，公共舆论是对私人态度的粗糙混合，是在缺乏准备、有时甚至是不恰当的情况下拍摄的快照综合体。

[①] 查尔斯·默里（1943— ），美国政治学家。

还有一些似乎已经过时的词语，特别是"人民公仆"和"公共知识分子"，它们都暗示了"公众"这个概念中存在着特殊的道德品质。人民公仆为公众服务，但重点不在于他领取工资的地方，也不在于谁雇用他，而在于他所服务的对象。用一句古朴的话来说，人民公仆是为某种公共利益的理念服务的。"政治家"或"官僚"对我们来说已经足够。这两个词都没有带有道德期望的暗示，而这种期望不合时宜地出现在公务员身上，就像当代人体模特戴上了大礼帽或穿上了箍裙一样。

"公共知识分子"同样令人费解。公共知识分子关注的是某种方式上特别与公众相关的事务。我们确实有这样的人物存在，但他们越来越被明星知识分子所掩盖，后者以新奇和厚脸皮而非思想的严肃性来吸引其他人的关注。他们往往通过引起震惊和刺激，或者通过提供对我们的不满、神经质、令人失望的身体的新解释来引起兴趣。他们越来越像时髦饮食的倡导者，或者是本季度热门歌曲的表演者。他们满足了一种渴望，即有些事情应该发生以吸引人们的注意力，并提供一些刺激，给人们一种骚动的感觉。然后，总的来说，他们就消失了。

第三章　公共实践

公共匮乏

通常来说,与公共相对的词是私人。这是一个有趣的词。从词源上讲,它是指缺乏某种东西,是一种剥夺。从历史上看,它意味着没有公共权威、地位和被认可的尊严——私人意味着被剥夺的人。

现在,我们却赋予私人一切它曾经缺乏的尊严。在某种程度上,它与公共交换了位置。与剥夺相反,隐私就意味着拥有和成就。私人的东西是我们自己的,我们通过它而被人所知。私立学校和私立医院总被认为是最好的,它们旨在满足我们的需求,因为我们怀疑公共机构无法做到这一点。它们的卓越是对其赞助人素质的认可。私人俱乐部、海滩甚至社区都是声望的象征,也是社会和经济地位的标志。曾经属于公共职位的地位和个人权威现在变成了私人成就的产物。甚至许多纪念碑都是私人造物,从比尔·盖茨在西雅图附近的豪宅到洛杉矶的盖蒂博物馆①皆是如此。

私人领域吸引着我们的注意和尊重。它是实现成就和

---

① 盖蒂博物馆是一座位于美国洛杉矶的艺术博物馆,其内有美国实业家保罗·盖蒂的收藏品。

展示成就的地方。然而，它的重要性并不止于此。私人生活也几乎是我们最高满足感的唯一家园。正如《快公司》所了解的那样，事业在今天许多人的生活中占据中心地位。我们的工作方式塑造了我们对自己的看法，也塑造了人们对我们的认知。它不仅占据时间，还占据情感和智力的能量。它是我们尊严和个人价值观的源泉，也是我们在世界中的位置，更是能让我们结识新朋友并自信地与熟悉的人交往的履历。在一个不断证明自己的任务永远没有完成的时代，职业是我们确立和宣告自我身份的方式。在殖民地和革命时期的美国，新英格兰的村庄选择了选举人，这些公共官员的地位使他们仿若教会中的长老。如今，地位的等级是通过自我选择来决定的，而职业是我们争夺地位的主要方式。

除了私人职业生涯，还有家庭和情感的私人世界。我们在这里培养了一些最大的乐趣。如果把时间花在专业成就上，那么我们也会密切关注个人卓越的培养。心理健康、身体健康和各种形式的精神追求都占据了出版业的广阔领域和整个培训与咨询行业。我们不仅希望在职业上取得成功，还想要在心灵和身体上都出类拔萃。在这方面，《快公司》中的治疗型企业家比典型的自我牺牲奋斗者更接近时代精神。我们的个人发展方式非常个性化。它们旨在通过

第三章 公共实践

使个人领域的关系更加开放和关爱，娱乐活动更具挑战性和愉悦性，生命的持续时间延长十年甚至更多来增强个人领域。我们对自己和所爱的人有着很高的期望，而这些期望主要是私人的。

然而，在我们对私人事物的赞美中仍然存在着一种残留的被剥夺的观念。我们对私人的重视是一种让步，因为我们独自培养的许多美好事物在其他地方是无法获得的。私人生活在很大程度上是一种解脱。它之所以成为情感和情欲的避风港或自我完善的殿堂，部分原因是许多人觉得有必要从生活的其他方面撤退。尽管《快公司》的理想很流行，但很难看到我们所做的工作中有多少是我们想要带回家的——尽管如果将这两个领域交织在一起，会丰富我们最亲密的联系。像政治这样堕落和令人失望的公共事务能够让私人生活更美好这种假设更是不可信。让这些东西进入我们的家只会让私人领域变得灰蒙蒙或花里胡哨，乃至涂上凄凉和荒诞的色彩。私人生活成为我们唯一能够行使信任、关心和良好目的感的地方，而这些在其他地方似乎很少能够安全地实现。

我们对私人事业的认同感，也与担心不得不依赖服务糟糕的公共机构有关。我在西弗吉尼亚州傍晚的门廊上和哈佛大学拥挤的餐桌上与许多人进行过对话，他们相信负责任的成年人至少要为家人提供私立教育、私人医疗保健和繁荣社区的住房。这些人并不是特别贪婪的人，也不是追求社会地位的攀爬者。他们认真对待责任的概念。他们确信除了自己的购买力，无法依靠任何东西来教育孩子，保持家人的健康，并提供一定程度的空间、清洁的空气和阳光，而这一切都构成了国家认同的景观。

无论这些问题看起来多么紧迫，它们都让位于人们普遍担心的退休生活保障问题。很难向年长的人传达年轻人有多么确信不能依靠任何公共机构为他们提供保障，无论他们现在对这些机构做出多大的贡献。关于社会保障体系可能崩溃的预期对当前一代人的实际心理影响，可能比上一代人面对原子弹时更大。普遍认为社会保障体系无法再维持下去的假设既广泛又无法被充分理解；它不是基于详细的经济分析，而是基于对民众情绪的准确感知。这其中的匮乏感是难以忽视的。公共空间给人一种无法挽回的忽视感，这促使年轻人转向私人空间。他们认为这是过上体面生活的最佳机会。尽管这是对私人生活的肯定，但他们的选择也受到一定的限制和约束。他们做出这样的选择部分是因为依靠失败的公共机构几乎一定令人沮丧。出于警惕和爱的考虑，他们早早地选择安全的道路，并且坚持走下去。他们能够感觉到这里存在着一种损失，但没有更好的选择。

公共空间的萎缩与对私人生活的颂扬构成了一种复杂的孤立和忽视的行为。我们可以通过放弃对非私人事物的关心,将私人生活与更大的世界隔离开来。当我们进入要求苛刻的工作世界或偶尔进入政治世界时,我们也可以通过抛开私人生活的奉献和限制,以及支配我们亲密关系的斯文规矩来隔绝它。这种分离所要求的问题是,我们能否承受自己所允许的这种对问题的忽视及其后果。我们正在进行一场赌博,即远离公共事务不会危及我们的私人利益,我们既没有道义义务,也没有实际义务与那些共同的事发生关系。因此,这个赌博是否有充分的依据是一个迫切的问题。

适度依赖

那些公共和私人的旧观念困境,都与一些习以为常的忽视密切相关。通过这样或那样的方式,我们设法相信世界不需要我们,我们也不太需要它。对那些阴阳怪气的人而言,这几乎完全是一种逃避。自主性的减弱伴随着不愿发展任何肤浅的联系和依赖。这并不完全是独立宣言,也不是"不可战胜"的大胆宣言——"我是我命运的主人，我是我灵魂的船长"①，相反，这是一种刻意的对义务的拒绝，一种专门培养出来的缺乏奉献的精神。阴阳怪气的人将自己的思想和情感保持私密，但他们的孤立并未使其内在世界得到充实。

当不是嘲讽而是轻信时，当仰望天空期待天使降临时，我们陷入了另一种忽视。我们拒绝关注那顽固而常常令人失望和受限制的现实。我们容许自己拥有一些希望和愉悦，但这些希望和愉悦永远无法与实际事物的粗糙表面和不平衡质感接触。这是一种有意识的困惑，幻想着世界与我们个人心中田园诗般的形象相契合。在政治中，这是治疗型政治家的态度。与反讽者过度怀疑的态度相对，它表现出一种自满和对事物状态的满意。尽管这一切尚未被检验。

自由工作者和数码精英对于问题的忽视方式是最复杂的。他们清楚地看到了阴阳怪气的人回避的真实世界，也看到了期待天使降临的人忽略的真实世界，并下定决心逃离它。在自由工作者眼中，大多数生活、工作和社区都是令人遗憾的事务。它们起初不过一堆纠结起来的偶然事件，

---

① 威廉·埃内斯特·亨利（1849—1903）的诗。

第三章 公共实践

最后却形成了例行公事和必然。约束无处不在，它强加给人们一种不庄重、平凡、毫无优雅的生活。作为回应，这些人提出，个人的优雅、令人满意的社区和优秀的工作只有那些抛弃了普通事物，转而追求完全新颖、原创和独特的人才能实现。美好的生活是完全属于自己的生活，远离那些不值一提的东西。

这些忽视和方法都是对一个有历史的观念的考验。正如约翰·弥尔顿笔下的撒旦所说："心灵是它自己的住家，可以使天堂成为地狱，也可以使地狱成为天堂。"这是反讽者在精神和情感上独立的目的。可能的话，这更是那些通过将神圣的存在引入尘世而真正创造他们自己的天堂的人所怀有的精神。我们正在测试个体思想的力量，以创造一个与实际所处世界不同的世界。随着自由职业者和数字精英的出现，这个观念变得更加激进。弥尔顿的这句话将个体从世界中解放出来，赋予每个人自己的感知、欲望和忠诚，无论它们对他人来说有多么冒犯或反常。在当代人更高级别的普罗米修斯主义中，思想的自由只有在能够回归世界、改造世界、真正创造出"地狱中的天堂"时才算完整。《连线》的英雄不仅坚持他的愿望的自主性，而且通过虚拟现实或电子化的自我增强来满足它们，兑现了"你可以成为你想成为的任何人"的承诺。自由职业者是他自己生活的全面建筑师。对这些人来说，心灵是它自己的住家，而世界也是一样。

这些是我们现在正在通过经验来考验的观念。它们不太可能经受住考验。我们应该预料到的是，独立并不是思想或个性的本质特征。相反，我们在各个方面都是自身彻底依赖于他人的证明。那些认为是明智或机灵的想法、亲切或优雅的行为、超越单纯饥饿和发情的精致欲望，都是我们继承的一部分。没有人能独自发明出如此日常的卓越品质。我们都接受它们，并以一种确认已经理解它们的方式来使它们成为我们自己的。

对于美好的心灵或良好的人格的运用，并不是要逃避思想、言语和行为的传统，而是要充分理解其要素，以便反思地对它们进行分类和区分。这种自由表现为一种双重意义上的适当性。一个人的思想和方式自然地相互融合，并符合他的性情。同时，他能够以适合他和当时情景的方式对其他人、想法、熟悉或不熟悉的环境做出反应。在这个含糊不清的短语所允许的多种意义上，他知道自己是什么样的。① 他知道什么对他来说是重要的，他的目标是什

---

① "含糊不清的短语"是指"what she is about"。为了更贴合文意，这里将she改译为指代范围更广的"他"。

么；他知道自己在做什么，他在追求什么；他知道周遭的事物，也就是说，他了解自己的环境。这些都蕴含着他熟悉自己、自己的工作和自己的位置的尊严。这种智慧并非是小事一桩，也不是一个人能够独自实现的。我们当中的幸运者从父母和直系亲属身上获得了很多，这并不总是（甚至通常并非）来自他们公开宣称的原则，而是来自他们一贯的态度和不断重复的行为所呈现的模式。他们向我们展示了什么是平凡的，以及我们可以对世界和自己抱有怎样的期待。

当一个疏忽大意的地方政府让公立学校陷入困境时，你是无奈地耸耸肩，还是竞选当地学校董事会，忍受着谩骂和骚扰电话，花费六年的时光在各个方面来改善所在社区的教育？我的母亲选择了后者，而我对政治责任的认识，正是归功于这个例子。她的行动表明，让法律和公共机构变得高效且人道是我们在任何地方定居时需要承担的责任之一，尽管她从未把自己的这种坚持转化为喋喋不休的言语。这通常不是令人愉快的工作；相反，它提醒我们，想象所有的工作都应该是愉快的是一种幼稚的想法。

当一天的工作毫无成果，或者你缓慢而认真地构建的项目在你手中毁于一旦时，你是因为事情的不公而生气，还是承认不幸，想着让自己的情绪被怨恨毁掉会让一切更糟？不知何故，我的父亲似乎总是持有第二种态度。他不是那种不假思索就保持乐观的幸运儿，而是表现出一种沉稳和坚定，表明他已经思考过怨恨的价值，并认为它毫无意义。通过观察他，我觉得我学到了一些东西。进一步观察，我觉得他从他的父亲，也就是我的祖父那里学到了这一点。

这些传承不仅仅来自我们的家庭。我有幸在一个成年人和年轻人可以成为朋友的社区中长大。我的许多朋友都是与众不同的：一位天生有魅力的诗人，以建筑工人为业，以摩托车为爱好，他向我展示了文字和图像可以跳舞，可以作为闪烁的情感象征呈现；一位曾在曼哈顿接受训练的芭蕾舞演员，她定居在西弗吉尼亚州，为农村的孩子们教授舞蹈和艺术，她坦率而真诚的理想主义已经成为我思想中一把明亮而锋利的刀，抵挡着自私自利的诱惑；一对曾经在耶鲁接受教育的夫妇，女主人现在是一名小镇律师，男主人则作为一个农民和业余铁匠活跃在无数的社区项目中。当我们用他的马把松散的干草堆起来时，他给我讲解激进的经济理论和美国劳工史，并在我身上激发出一种思想上的喜悦，这种喜悦一直没有离开过我。对他们每个人的记忆，就像一幅幅关于一个人如何生活的生动图画，阻止了我心灵崩溃于每个新地方的习俗传统，以及向每个瞬

第三章　公共实践

间的失望屈服的思想冲动。

这些例子可能很平凡，但恰恰是这种无价的平凡维系着人类世界。若我们忽视这一点，而追求个人普罗米修斯主义的浪漫，就意味着忽视了人性的基础，也意味着忘记了那些让我们记住可能希望成为什么样的人和为什么希望成为这种人的邂逅和经历。这或许就是为什么阴阳怪气的人很容易感到疲惫。它始于这样一种观念，即我们每个人都应该彻底独立，应该从自己的意愿和想象中生成自我。当这种雄心壮志落空时，当他的措辞和行为不再闪烁着新意时，阴阳怪气的人就会对自己那些只是派生物的行为抱着模糊的蔑视态度，就像一对自私而望子成龙的父母对他们不争气的孩子表现出的态度一样。他拒绝认真对待那些平凡的事物，如思想、友谊和浪漫的常见语汇，他将对它们的了解局限于显而易见的肤浅层次。然而，肤浅的了解并不足以构成智慧，也不足以塑造个性。"平凡"（mundane）一词源自拉丁语中的"世界"（mundus）；通过回避平凡的事物，我们回避了世界，而这种回避会让我们冒着无视其中美好和不好的风险。

自然而然，我们对家庭和朋友的局部依赖只是一个开始，这使得我们参与更广泛的相互依赖体系。这种依赖并不总是直接的，也不仅仅是理论上的。因为可以毫不夸张地说，世界上没有任何好的、美丽的、健康的事物不依赖于许多其他类似事物的福祉，才得以产生和持续存在。我们有幸从家庭中学到的东西很大程度上只能存在于完整的社区中，只有在这样的地方，我们才能以和平的方式生活和工作，并且保持一定程度的尊严。而这些社区只有在相对和平和安全的地区和国家中才能持续存在。历史上已经发生过足够多的例子来说明当这些纽带被撕裂时会发生什么，如今的例子包括之前苏联的犯罪和酗酒问题，以及巴尔干地区的野蛮行径等。

在所有这些当中，隐藏着一种责任的观念。当我们珍视任何美好的事物时，如果我们始终如一，我们也会珍视其所依赖的众多美好事物。如果真诚地珍视某样东西，我们就会认识到对它负有一定的责任，而不仅仅是我们在短暂地使用它时感受到的喜悦。只要生活在这个世界上，只要关心事物，我们就对整个世界的福祉承担责任。并不是说这是哲学家们难以捉摸的目标，是道德行为不可抗拒的论据。我只是想说，具有讽刺意味的是，不愿对人、关系和制度寄予太多希望可能是建立在一个错误的想法之上：我们有权决定是否寄予这样的希望。事实上，只要我们关心任何事物，就必须对众多人、关系和制度寄予很大的希望，而我们直接关心的事物也必然会被卷入其中。所以问

第三章 公共实践

题不在于是否寄予希望，而在于是否承认我们的希望已然存在，并让它成为属于我们自己的。在这里，希望和责任可以等量齐观。在这两种情况下，我们都将成功或失败与无法完全控制的外部事物的状态联系起来。我们可以拒绝承担责任，但不能决定它的存在与否。

平凡的责任

从哈佛大学毕业一年多后，我在纽约的一个生日聚会上遇到了一位以前的同学。他是一个热情、真诚地关心他人并真心希望大家喜欢他的年轻人。他热切地告诉我他大学毕业第一年的经历。他一直在做投资银行家的工作，这一工作让他去了我的家乡西弗吉尼亚州，一个我许多同学没有去过的地方。我们花了几分钟回顾他的行程，得出的结论是他曾经到过离我家不到十英里①的地方。我问他是否记得那里山丘的形状，那是一种我在其他地方都不曾见过的不规则、崎岖但温柔的山丘。任何没有看过或不记得

---

① 英里，英制旧长度单位，1英里约等于1.609千米。——编者注

它们的人都很难想象它们的轮廓，我从他的回答中感觉到他记得那些山丘。

然后我就问他在我的山区做了些什么。他咯咯地笑了起来，这表明他对接下来发生的一切抱着部分反对的态度。他一直在为煤炭公司促成交易，以便为山顶移除采矿①项目做安排。那年春天的某个时候，我曾在煤矿区度过一段时间，所以他的技术性词语对我来说具有鲜活的真实感。山顶移除采矿要使用炸药炸碎山顶的上部，剥离出位于岩石层之间的煤炭层，并将产生的碎石推平到周围的山谷中。有时矿业公司会从山上移除高达500英尺②的部分；更常见的是，他们会使用炸药炸飞200或300英尺的岩层。一般来说，被掩埋的山谷和被毁坏的山脉在中间相遇，形成了一片连绵不断的破碎高原。覆盖该地区的阔叶林不再能够回到这些由黏土、页岩和石头组成的土地上，那里只生长着坚韧的草和灌木丛。移除山顶的暴力行为有效地关闭了那些不幸位于露天矿山脚下的社区。

我不记得我是否问过"你为什么这么做"，在最初的笑声中，可能他已经默认我们迟早会谈到这个问题。无论

---

① 山顶移除采矿是一种采矿方式，它需要将山顶炸开，以获取里面有价值的矿物，特别是煤炭。

② 英尺，英制旧长度单位，1英尺约等于0.305米。——编者注

怎样，他的回答非常特别。他解释说，这完全是全球市场的必然逻辑。人们需要能源，而且想要廉价的能源。煤炭公司可以比其他人提供更廉价的能源。决定摧毁山顶的煤炭企业高管如果拒绝做出这些选择，他们将失去工作，或被其他人取代，而这些人将做出他们的前任曾拒绝的决策。如果最高管理层不选择山顶移除采矿，他们的公司将会破产，其他采矿企业将剥夺他们曾经保护的山脉。像他这样的投资银行家也处于同样的境地。他还告诉我，世界经济正在贫富分化。关于美国工资会因为第一世界和第三世界的工人越来越多地竞争同样的工作而"向下再平衡"的警告可能是真实的。在这个过程中，世界上最贫穷的国家会得到一些好处，但真正的赢家将会是像他这样的人，他们是能够帮助新流动资本前进的金融精英成员。事情的进程已经定下来了。虽然他不能说他支持这种情况，但他认为没有理由站在失败的一方。

我并不是要评判他关于历史进程或市场本质的观点是否正确。他的措辞是带有辩论性的，坚定但不精确。"全球市场"和"资本主义"很少能帮助我们在严肃的对话中把握方向。然而，他的态度在某种程度上代表了一些东西。许多年轻人已经意识到，事物的发展是不可避免的。认为历史的方向无论我们多么顽固地抵抗都不会改变的想法，实际上是一种许可，可以让我们无视对山顶移除等做法的怀疑。并非每个年轻的投资银行家在追求自己的第一个千万身价时都会以这样的方式深思熟虑。对许多人来说，自由职业者的信条已经足够了；对一些人来说，尽管比一些人想象的要少，但贪婪已经足够了；但是很多人认为默许是他们工作核心的一部分，并在辩护时只提出默许可能是对当前时刻的适当反应这一想法。他们所做的不是引领下一个千年，而是等待最后一个千年的结束。

这种对政治的漠不关心和《快公司》中个人普罗米修斯主义以及我那位不那么飘飘然的同学之间的关系可以用一种粗俗的方式来理解——尽管粗俗，但在我看来，它基本上是正确的。它可以用一个令人绝望的公式来表达："你无法改变世界，所以你最好在其中取得成功。"

如果我提出的观点是正确的，那么这个公式中存在两个错误。第一个错误是认为"改变世界"是政治工作的标准。这是普罗米修斯式政治的遗产，其失败现在显而易见：它的雄心壮志已不再吸引寻求目标的年轻人。然而，这一提议忽略了一种可能性，即可能存在不依赖于转型目标的政治或公共生活思考方式。它忽视了一种政治理念，这种政治理念始于接受我们众多的内在责任。这将是一种与其说是改造不如说是维护的政治，是对人类可能性的照顾，

第三章 公共实践

而不是对其进行根本性的改造。

第二个错误是"你还不如适应一切,获得成功"的结论。如果政治不能改变世界,那么在承担或忽视公共责任之间进行选择是无关紧要的。一旦转型为不可能的选择,那么"公共关切"的模糊领域就会被认为能够自行解决。但是,如果我们关心的每一件事都将我们与千千万万个幸福的来源联系在一起,那么我们绝对不能对它们漠不关心。选择依然存在,但我们不应该认为除我们自己的满足之外,没有任何利害关系。这是一个危险的误解。

因此,普罗米修斯式政治的传承就与我们对其他选择的混乱观念是串通一气的,最终偏向个人的普罗米修斯主义。对这些问题进行更清晰的思考可能有助于我们恢复对政治或公共生活更加谦虚但也更有吸引力的理解。我之所以把这两者区分开来,是因为我所说的"公共生活"比"政治"通常所指的含义更广泛。这种公共生活观可以通过"公地"的形象来体现。"公地"传统上是一个牧区的无围栏区域,每个人都可以自由地放牧牲畜、种植庄稼或采集木材,但其维护工作不是由任何特定的人负责的。生态学家加勒特·哈丁[①]曾将"公地悲剧"描述为这种自由和不负

---

① 加勒特·哈丁(1915—2003),美国生态学家,1968年在《科学》期刊上发表了一篇探讨"公地悲剧"的著名论文。

责任的结合所导致的结果。自身的利益导致每个可以进入公共资源的人都尽可能地索取，过度放牧或砍伐森林，以免别人先行。如果有人克制自己，其他人就会夺走他剩下的东西。被拿走的资源无法再生，很快公地就会枯竭。

读哈丁的时候，令我印象深刻的是，他所描述的悲剧并非不可避免。公共资源的耗竭并不仅仅是源自人类固有的本性。哈丁在分析中所涉及的自利法则根本不是真正的法则。相反，这种悲剧是一种文化和伦理事件。只有当我们将自身利益与彼此之间的冷漠结合在一起时，它才会发生。投资银行家的"铁律"至少在某种程度上是他身穿的护甲，以便他加入他所处时代的伟大行列。这些破坏性原则来自文化而非自然，但这并不意味着它们易于改变。然而，这确实意味着我们要诚实地将其视为人类选择的产物。假装它们披着科学定律的外衣来到我们身边，这种想法是不诚实的。

在评估这些原则时，我们需要问一下它们对公共生活，也就是广义上的"公地"的意义：我们不可避免地共同拥有一些东西，因此对它们的维护或忽视会牵涉到所有人。我们都直接依赖于公共资源的许多要素：依赖于通常是大致公平而不是极其武断的法律体系；依赖于经济，无论它是负责任的还是不负责任的、快速高效的还是笨拙权宜的；以及自然界，这是哈丁隐喻的原始主题。我们必须共同拥有这些事物的意义超出了所有人对它们的依赖；它们的维护是一项共同的成就，因为我们只能共同维护它们。单独的良好行为，虽然重要，但并不足够。

我通常不是模式化思考的崇拜者，然而，我相信，将我所谓的公域的东西分为三类生态系统进行思考是可信的，也是有帮助的。第一类生态系统由文化习俗和个体倾向组成，我们通过从老师那里学到的阅读方式或从父母那里继承的耐心习惯而获得。在公域的这一部分，我们发展出慷慨或贪婪、深思熟虑或漫不经心，以及奉献的能力或自我关注的冲动。这些是使我们能够信任并承担他人信任这一重任的资源，即使在信任大量贬值的时代也是如此。总的来说，这些可以被称为道德生态。

大多数人以一种传统意义上并不公开的方式为道德生态做出贡献，而且在大多数意义上我们也不希望它们成为公开的。我们的家庭和友谊之所以强大，正是因为它们是亲密的。让它们变得"政治化"，将它们奉献给某项事业、运动或国家的规范，往往是一种暴力形式。然而，只要我们认识到，在这些个人实践中，我们维持或破坏了使人们能够和谐相处的共同品质，这些个人实践就很常见。当父母、朋友或恋人伤害了一个信任他的人，或者在另一个人指望他展露勇气后表现得懦弱，又或者仅仅是默许一些他认为不好的事时，他就剥夺了对方的信任，以及敢于挑战或凭良心行事的能力。这样做，他也削弱了对方教导他人行善而不是行恶的能力。因此，我们对道德生态的贡献主要是个人的；但当我们将其与公域联系在一起时，它很可能是好的。这并不简单，但在最必要的时候它更加可能发生。除非我们特别留意，否则我们往往只有在道德生态失败时才会注意到它。平凡的善并不能打动我们，直到我们正视了平凡的恶。坏事越常见，我们就越敏锐地欣赏善良。我们越是在这些普通事物中遇到小的失败，我们就越有可能把它们当作普通事物来关注。

更直接的，也是与传统的公共概念联系更紧密的是第二类生态系统——政治和政治机构，它们制定和执行法律、塑造经济、维护社区。如果没有这些共同的东西，很多带有强烈个人色彩的东西就不可能存在，或者至少会采取非常不同的形式。政治机构是我们安全感的主要来源，无论它们多么不完美。好的政治往往能捍卫甚至促进自由。它也往往是负责任的行动所不可或缺的：制定明智的环境法，努力使每个人都能获得真正的教育，并改善最贫穷的社区和农村地区的状况。

我们对政治机构的忽视很大程度上是我们个人不安全

第三章 公共实践

感的主要源头。公共服务的衰败导致雄心勃勃的年轻人寻求逃避,这在很大程度上是政治的产物。在强制性量刑准则和长期刑罚的推动下①,在不断增长的私营监狱业的支持下,监禁率不断上升,这是政治影响所有人的一个分裂性、令人震惊的后果。个人隐私的侵蚀是一种政治的结果,这种政治既对可疑的个人有侵犯性,又对其他人所面临的小麻烦无动于衷。

事实上,除了极富有的人,大多数人对政治的影响主要通过公民生活的机构来实现。无论是支持候选人还是反对危险的提案,人们主要通过业已存在的网络和组织进行行动:社区协会、工会、专业团体,以及围绕共同利益形成的社会网络。虽然政治参与可以扩大、重塑甚至分裂这些联系,但它很少从头开始创建这些联系。我们依靠政治决策来塑造我们生活的许多方面,无论是积极的还是消极的,而我们参与选择好的和坏的结果,主要是由我们的公民联系而不是严格的政治联系驱动。忽视这些联系会削弱

---

① 三振出局法是美国在联邦和各州层面上实行的法律,要求州法院对于犯第三次(含以上)重罪的累犯采用强制性量刑准则,大幅延长他的监禁时间:目前所有法案的下限皆为二十五年有期徒刑,最高是无期徒刑,而且后者在很长一段时间内不得假释(大多法案规定为二十五年)。

我们影响共同居住的世界在积极和消极两方面平衡的能力。

第三类生态系统是所有人都依赖的自然世界。它与人类和文化的本质相悖，是我们这些喋喋不休的存在背后难以言表的基础。然而，自然生态的福祉与社会和道德紧密相连。环境问题正在成为政治辩论的主要关注点，而这仅仅是一个小小的提醒，即政治在本质上陷入了管理和退化之间的决定。迄今为止，除了政治，没有其他方法可以决定是否进行露天采矿或对森林进行乱砍滥伐。尽管它们经常令人失望，但只有国家和地方政府具有哪怕是理论上的权力来减缓温室气体的累积，减少人们对汽车的依赖而更多地使用公共交通，以及在想象范围内进行诸多行动。

自然世界同样依赖于道德生态的健康。归根结底，明智的环保行为是个人行为。无论我们的决定多么复杂地受到我们所处的政治和经济的影响，它们最终都是个人的。购买产品、启动汽车或选择职业的，始终是一个活生生的个体。环境责任既属于道德生态，也属于政治和公民，而这两者只有在符合环境要求的情况下才有可能负起责任。如果把它们分开来考虑，一切就都无法保持完整。

我们还在另外一种意义上与公域相关联。这不是一种直接的依赖，而是与一个古老的概念相关——荣誉。以公众的名义所做的事情，就是以每个人的名义来做的，不管

第三章 公共实践

我们是否喜欢。我们参与的经济就是我们本身的经济,我们不能对其掠夺行为撇清责任。作为不负责任的经济体的参与者,或法律体系充满不公正的国家的公民,我们的责任必然比可能或应该承担的责任少。正如智力或个性不能孤立地获得一样,责任也不允许其本身成为个人事务。责任的悖论在于,它让我们既更多地成为自己生活的主宰,又更少地主宰我们的生活。通过承认依赖性,我们让它成为自己的责任,而生活的真正特征对我们来说不再陌生。然而,认识到对那些永远无法控制的事物的依赖,我们承认,随着责任的增加,我们可以运用的权利会成比例地下降。这是一种令人不安的关系,但它的好处在于它是真实的。

总之,公域的概念通过关注公共和私人两个领域的共享内容,模糊了公共事务和私人事务之间的区别。公共行为并不那么取决于发生的地点,如投票站、法院,抑或是购物中心,而是以其对维护公域做出贡献的意图为特征。公共工作包括广泛的活动,从选举政治和公民服务开始,延伸到游说团体和工会、媒体机构、对社区进行再投资的企业,以及优先考虑亲情、注意力、用心消费和对更广泛的公共参与有所认识的家庭。相反,公共工作的失败包括腐败的政治、有偏见的法院、耸人听闻的新闻,以及完全退缩的家庭，将个人的快乐或不快乐置于集体的福祉之上。

大部分良好的工作都包含一定程度的公共关注。这在忠诚工作的医生、正直从业的律师或坚持真相和清晰度的记者实践中显而易见。如果没有许多人愿意出色地从事这些职业，我们就无法继续前进。看看那些媒体腐败或无能的国家的政治失败，更不用说缺乏医生的国家中发生的公共卫生灾难了。更贴近我们生活的话，想象一个富裕和民主的国家，如果人口全部由整形外科医生、八卦专栏作家和不择手段的税务律师组成，是否能够健康发展？或者说，这种工作之所以成为可能，只是因为其他人坚持了他们的职业义务和他们的工作所维护的机构？

这种公共性并不仅限于专业人士。如果公共生活只是富人和有成就的人在道德上满足的小玩意，它就无法保持其严肃性。以最简单的情况为例——在我们最古老，也是最基本的依赖关系中——有一种农耕方式可以确保五千年后仍然能在同一个地方进行农耕，另一种农耕方式则会耗尽土壤和地下水，并导致沙漠化。将农耕做得良好而有责任心，一部分属于公共工作。同样，教师的工作也是如此，他们引发洞察力，灌输思考和讨论的习惯，从而为下一代的思考和辩论做出贡献。坚守并传承自己工艺标准的技术工人也做出了同样的贡献。一个糟糕的木匠，一个二流的作家或编辑,或者一个漠不关心的教师都会为一种缺乏思考、半文盲、马虎并且在语句和逻辑结构上都不可靠的文化"助一臂之力"。做好必要工作的人有助于避免这场悄无声息的灾难。我们直接或间接地依赖于这样的人和事业,并受到其他人的困扰。但这两者之间的比例,部分是由我们来决定的。

模糊公共事务和私人事务之间的区别是适当的,因为这种区别在现实中为几个公域之间精深微妙的相互联系所混淆。职业只能由个人来完成,而职业实践的完整性很难与一个人整体的品格分离开来。这包括评估、判断和感知的习惯,正是它们指导一个人在世界中行动。《快公司》中的自由职业者、汤姆·彼得斯的自我推销者或《连线》的理想读者,都不太可能成为致力于公共服务的律师、忠诚的全科医生或负责任的农民;如果他们这样做了,这个职业选择将成为一种皈依。当我们逐渐在自己身上培养出一套或另一套特征时,就会使自己适合或不适合从事特定种类的工作。

责任与自由

只有个体才能够将自己和自己的工作视为不可避免地包含公共元素。这种认同并非偶然发生。尽管它可能受到一些因素的推动，但它并不是国家政策或专业机构的产物。如果说这一点曾经被无意识的传统所确保，那么现在已经并非如此：今天，一个人只有在积极寻找传统、与传统保持一致并将自己置于传统的指导之下时，才能够属于某一传统。这就是为什么共同体的性质以一种非常重要的方式发生了变化。我一直在使用一种可能暗示了传统义务的语言——不可避免地对一个地方的福祉和一个政治共同体的行为负有责任。然而，传统义务已经成为过去。现代政治社会的奠基思想家，尤其是美国政治的奠基思想家约翰·洛克认为，由于政治义务是基于公民的自由同意之上的，任何剥夺其成员离开它的权利的国家都是不合法的。这一观念从那时起就没有离开过我们。现代政治反思的许多重要人物都对梭罗的美国模式抱有同样的信念。他们是内心的流亡者，首先忠诚于良心，或者忠诚于某个特定、自由选择且经常持不同意见的道德共同体。

此外，一个由移民组成的国家是建立在为了追求其他事物而放弃某些东西的特权基础之上的。它始于对传统责任的拒绝。美国天主教徒在接受教会教义方面有高度选择性，以至于几乎与新教徒相仿，这并不令人惊讶；同样，美国人"重生"的频率令其他富裕和受过教育的国家的人们感到困惑，但对我们来说也毫不例外。这种做法是对我们不安分的运动和自我发明的一种宗教类比。我们内心深处有着杰·盖茨比①的影子，这一点可以追溯到本杰明·富兰克林。富兰克林是白手起家的杰出人物。他像在他之前和之后的人一样，以自然纯朴的方式行事，并精心呵护自己的天真无邪。我们只尊重我们选择的东西，有时只尊重我们创造的东西。

这些经历和态度是身份的基石，我们无法摆脱它们。因此，对公域的义务不需要回归传统责任，而是需要自由的自律。我们可以无视任何传统，拒绝任何忠诚，这正是自由的标志。我们有自由完全以自我为中心。然而，自由并不妨碍我们追求严肃的目的；也许只有采取如此严肃的态度，自由才能走向成熟。通过自由、反思性的选择，接受对某个地方的责任，在某个政治和地理社群中发挥作用，并响应某些传统，我们对自己的生活承担全部责任。我们

---

① 杰·盖茨比是美国作家弗朗西斯·菲茨杰拉德（1896—1940）所著小说《了不起的盖茨比》中的主人公。

放弃无限，以获得形式。

在考虑这个想法时，我无法不想到我的那位阿巴拉契亚山区同胞温德尔·贝里①生命中的决定性行动。贝里是一位散文家、小说家、诗人、教师和农民，出生于肯塔基州罗亚尔港，他的家族世代务农。他是天才作家，毕业于当地一所大学，后前往斯坦福大学，在那里，现在的华莱士·斯特格纳小说项目还只是华莱士·斯特格纳的计划。贝里赢得了斯特格纳的赞赏。与此同时，他结交了一群斯特格纳的学生，其中包括《飞越疯人院》的作者肯·凯西，他后来在汤姆·沃尔夫的《刺激酷爱迷幻考验》中以"快活的恶作剧者"组织的领导者身份成为文学人物。离开斯坦福后，贝里前往曼哈顿，在纽约大学开始教书，并出版了他的第一部小说，得到了良好的反响。就写作这一不确定的行业而言，他似乎走上了成功之路。

然后他离开了，或者说按照他自己的看法，他回归了。他和妻子搬到了罗亚尔港的一座农场，从那时起他就一直住在那里。他在那里写作，用驮马耕种庄稼，并长期在肯塔基大学教授英语。他承认，刚开始回到肯塔基时，

---

① 温德尔·贝里（1934— ），美国当代著名小说家、诗人、生态环保活动家。

第三章 公共实践

他无法忽视纽约的文学前辈们对他的告诫,即他会发现肯塔基是文化和知识的荒漠。他准备与孤立、厌倦和狭隘思维的迟缓做斗争。然而,他发现自己的感知力得到了加强和提升。他发现自己与这个地方的关系发生了变化:"以前,这个地方是因为巧合或偶然才属于我;现在,它是因为我的选择而属于我。"伴随着这种自由选择的纽带,他对这个地区有了更加敏锐的意识:"我在上面走动,观察、倾听、嗅闻、触摸,比以往任何时候都更加活跃。我聆听亲戚和邻居们的交谈,比以往更加警觉地感受他们对这个地方的了解,以及他们言谈中的品质和能量。我开始比以往更加认真地学习事物的名称——野生植物和动物,自然过程,当地的地名——并表达我的观察和记忆。"

贝里强调有意识的选择与成为生活不可分割的一部分的事物之间的深刻联系。对于偶然的情况,我们可以漫不经心,对于知道是暂时的事物,我们也可以漠不关心;但是,我们不能诚实地忽视那些已经永远成为自己不可分割的一部分的事物。这种专注力不仅仅是观察一个地方,它还需要承认有时会承受痛苦的负担,即接受那里存在的错误和伤害的共谋。回想自己回到家乡的经历,贝里认识到,当他住在其他地方时,他可以以局外人身份看待这些地方的问题,不受影响,不负责任。然而,作为本地人或者说家乡的公民，他感到自己肩负着重大责任，而不能声称自己可以免受错误的影响。选择接受一个人存在本身的限制，并对我们周围的相互依存关系负责，这件事既丰富又艰巨。它涉及放弃自己可以被豁免的幻想，这种幻想来自拒绝承认我们对他人的依赖以及由此产生的相应义务。

自从回到故乡，贝里就一直雄辩地倡导着留守而不是离开，忠诚而不是不负责任，以及对无限的野心和欲望谨慎划定限制。他的作品赞颂农耕和婚姻作为奉献和责任相互扩展的内在层面，其中"欲望和必要性是一体的"。他发出了美国最明确的警告人们不要不顾一切地谋取私利的声音。然而，在他自己的生活以及对他的作品的正确理解中，最重要的是，他的"必要性"是自由选择的，是出于一个年轻人的爱，这份爱在他选择的地方和工作中得到了充分的发挥。这就是当今义务的本质。它可能源于出生，但其权威来自选择。责任始于接受一系列职责和任务并放弃其他一切快乐的双重行动。

自由意味着我们拥有前所未有的力量来忽视传统所强调的问题，而对任何公地的责任都依赖于这些问题：我在做什么，为了什么？我工作的意义是什么，其目的是什么？我正在努力维持那些依恋——对人、对地方、对原则——为什么？谁的福祉掌握在我的手中，我的福祉又掌握在谁的手中？如果没有将我们带到今天的历史和提出这些问题的传统，就无法独自回答这些问题；然而，我们常常开始独自选择构成我们答案的地点和术语。是负责任还是置之不理，这一决定掌握在每个人手中。负责任的工作循环贯穿在公共和个人之间。正是在个人身上，它才能被决定性地打破。今天，是个人从自由转向自由选择的限制，才使得一切变得完整。

走向公众

从责任的角度思考公共工作，会迂回地回到政治和政治机构。尽管很容易忘记它们的存在，但它们是我们最依赖的事物之一。对托克维尔来说，我们能否避免这种遗忘将决定美国人如何对待其民主。尽管他是一位研究性情的大学者，但他认为对政治的漠不关心不仅仅是一种性情问题。相反，这是一种认知上的错误，一个关于自己正确关注点的赤裸裸的错误。托克维尔最大的担忧是，这些相对富裕和相对自由的美国人，会陷入"每个人的命运都掌握在自己手中"的幻觉。从公共领域退回完全私人的事务中，"每个人都只能依靠自己"，从而将个人无法单独完成的任何事情都扔到官僚手中。美国人将忘记如何自我治理，以及如何保持自由。

由于托克维尔享有很高的声望，他死后一直受到左翼和右翼两派学者和评论家的追捧。对保守派而言，他提出福利国家会削弱公民活力的警告，描绘庞大的集权政府的不利影响。对于自由派和更左翼的人士，托克维尔描述了自私的个人主义力量，它将人们拉出公共生活，使他们变得更加缺乏自由，而非更自由。两者都有一定道理，但单独地看都不是完全正确的。像许多伟大的历史人物一样，托克维尔涵盖并混淆了当代分歧。他认为个人主义和盲目依赖政府都是文化和个性的畸变，并且他认为它们彼此密不可分地交织在一起。在他看来，自给自足的幻觉总是意味着将自己生活的一部分责任交给其他更大的机构，同时放弃对该机构的参与。随着表面上变得更加独立，我们就会失去参与塑造环境的真正自由——这种环境反过来又塑造了我们。其最温和的结果看起来就像一个养老院版社会民主，但它将诞生于团结的缺乏，而不是过度。

托克维尔的观念强调了将政治置于公共工作的范畴之内。它将政治理解为一种本质的公共存在，就像我一直捍卫的那样。这是一种既有变革又有维护的政治。这种政治并不给予与普罗米修斯式政治相同的承诺。它并不轻易提供道德认同的基石,也不能通过最终胜利的救赎来使我们的行动摆脱徒劳。它不会改变人类经验的基本元素,相反,它是对这些因素的无休止承认,是与它们进行斗争的不懈努力。过去十年里,我们在中欧看到了关于这一观念在当代复兴的典范。

合二为一[①]

"平庸是一种成就。"这句话出自一位现为《选举报》撰稿的劳工保护委员会资深人士之口,它捕捉到了当今欧洲政治中的绝大部分悖论。这对世界各地的政治来说都是一个具有启发意义的悖论。将私人生活从政治中解放出来是适度的自由社会的伟大成就之一。

中欧最近取得的成就的标志是,该地区不再有太多的夸夸其谈,也不再需要太多的英雄主义。然而,政治成就不能被视为理所当然。它通常要么是一项持久的成就,要么是一项正在被侵蚀的成就。它需要平庸的工作来维持。

---

① 出自托马斯·哈代(1840—1928)为泰坦尼克号所作挽歌《合二为一》。

在继续完成这项工作时，记住政治原则可以密切地影响男男女女，以维持看似可能失败的事业，这是具有启发性的。这些愿望可以是具体的，如避免入狱或追求事业；也可以是普适的，如在尊严中生活而不是卑躬屈膝。对中欧的持不同政见者来说，遵循这些原则是一种恢复生活的方式，首先是个人生活，然后是社会生活。这一点特别重要，因为持不同政见者的戏剧性经历以一种真实而合理的方式，也是我们的经历。他们绝对依赖于一些过去两个世纪以来在美国具有象征性意义并在其实际存在中占有一席之地的价值观。他们探索了这些价值观的最大限度，以作为当代革命、政治英雄主义以及个人灵魂的方向和寄托的基础。如果说最终他们放弃了相当一部分理想，他们也设法保留了比大多数美国人最近希望获得的更多东西。

持不同政见者持续从事的公共工作是一种应对人类困境中某些永恒特征的方式。其中最重要的是所谓罪恶根源的持续存在。这些源头包括贪婪和恐惧，以及愿意寻求和滥用权力来为两者服务的意愿；自以为是的热情，站在善良的立场上反对那些除坏人之外一无是处的人；残忍行为带来的快感和心理解脱；以及纯粹、故意破坏的能力。它们与慷慨、勇气、谦逊、善良以及关怀的冲动并存。它们共同产生了良好政治的基本悖论：人们可以得到改善，但仍无法摆脱彼此的需要,也无法摆脱共同的机构来确定我们最好的承诺,约束和引导我们最坏的冲动。

  英雄主义和平庸在公共工作中有着奇特的共存关系,专注于平庸往往是有益的。然而,遗忘它们的存在或忽视两者中更具挑战性的一方都是不明智的。事实上,能够过上体面生活的可能性在一定程度上是政治和公共机构的成就,忽视这些无疑会加速它们的衰落。我们通过在公共生活中工作来服务这一真理,虽然这不能使我们更加完满,但可以帮助我们团结在一起。如果有人有权提醒我们,那么中欧的持不同政见者可以说有这个权利,而我们则有自由来选择接受或忽视这个提醒。

第四章

土地法：政治选择与关注

山崩变为无有；磐石挪开原处。

水流消磨石头，所流溢的洗去地上的尘土；

你也照样灭绝人的指望。

——《约伯记》14：18—19

第四章　土地法：政治选择与关注

1996年，内政部长布鲁斯·巴比特①访问了霍贝特21号煤矿，这是西弗吉尼亚州最大的山顶移除露天矿山之一。在他到达的地方，数千英亩的山顶被炸毁，推土机将破碎的土地推入周围的山谷，留下了一片页岩和黏土的高原。这里有一些草长出来，还有几棵坚韧的洋槐树长到了十二英尺高。

巴比特乘坐直升机抵达，越过崎岖的绿色山丘，来到了矿山死气沉沉、凹凸不平的平原上。他站在一个空地上匆忙搭建的讲台后面，审视着面前的地面，做出了令人震惊的宣言。他说："在某些方面，这个景观比以前更好了。它是一个更加多样化的景观，是一片正在恢复的草原和森

---

① 布鲁斯·巴比特（1938—　），美国政治家，第47任内政部长，以环境保护的倡导者著称。

林。从某种程度上说，它比未开采的景观更接近一千年前存在于这里的景观。"他最后提到了"我们今天在这片土地上看到的奇迹"。煤炭公司开始利用他的措辞在报纸整版广告中为山顶移除采矿辩护。

巴比特所说的话不但是错误的，而且是充满危险的荒谬。他所看到的一切，他在飞往矿山的途中看到的一切，以及哪怕是最无知的博物学家对地貌形成的了解，都与他的言论相矛盾。无论人们对坚韧的草原如何欣赏，将它们安置在阿巴拉契亚山脉都不是一种恢复的行为。巴比特公然宣布了一个幻想，一个凭借他的显赫身份及地位飞扬而上，并因为对矿业公司有用而一直被高高举起的幻想。在说话的那一刻，面对周遭现实环境的冲击，他的铁石心肠可谓是坚不可摧。

与其说巴比特的话惊世骇俗，倒不如说这是一种现象的代表。许多公开言论的压倒性特点就是其不真实感。这是阴阳怪气的人和愤世嫉俗的人注意到的。它助长了人们对公共言论能否触及现实以及公共行为能否维护或改善现实的怀疑。不真实的事物并不是很重要，除非一个人是妄想症患者。因此，这种不真实的特质广泛与"公共生活是多余的"这一观念比邻而居。这是我们这个时代一种自以为是的观念，即政治和法律的唯一目的可能在于管理自由

第四章 土地法：政治选择与关注

市场。这是政客们的想法，他们将政策建立在对经济成本和收益的计算之上；这也是法官和法律学者们的想法，他们相信法律除执行私人协议之外，不应该有更多的作用；这还是国际自由贸易者的信条，他们确信繁荣就在对货币和商品的无限交换开放的边界的另一边。

这种态度吸引人的原因就在于它令人安心。它表明公共问题有一个正确答案，即一个能使市场良好运作的答案。这意味着这些问题实际上不需要真正成为公共问题，而可以委托给训练有素的管理者。有了这个信念，我们就可以对其他假定的公共事务漠不关心。只要真正的决定权在于以冷静著称的美联储委员会，政客们愚蠢和不真实的神情就只是一个小小的烦恼。当公共事务被放心地交给专业人士，我们就可以自由地享受私人的舒适。这是托克维尔所担忧的想象中的未来的温和版本。

这也是一种错误的观点。每一项法律和每一项政治选择在一定程度上都是对我们将居住在什么样的国家和将过什么样的生活的决断。这个事实是无法回避的，只是有可能在一段时间内回避它，就像我们现在正在努力做的那样。在最好的情况下，忽视必要性是鲁莽的；在最糟糕的情况下，它是具有破坏性的。

除了讲述西弗吉尼亚州的故事，我不知道还有什么别的好方式来传达这个观点。那个地方的景观始终是我内心的故乡。当我思考责任或愚蠢、保护或破坏、慷慨或贪婪时，它们以阿巴拉契亚山脉的形象呈现在我脑海中。它们向我展示着绿色的山坡和破碎的山丘，良好或贫瘠的农场，那些人的面容因实际的关切而坚定，因愤怒而扭曲，或因漠不关心而松弛红润。

在西弗吉尼亚州，煤炭贯穿在一系列伟大的主题中。它是由古代沼泽和浅海的床层形成的闪亮的黑炭，对一个寄希望于硅纤维的时代来说，它似乎已经很陌生了。它是神话般的物质——能够燃烧的岩石，山脉易燃的内脏。煤炭是中生代向工业时代赠送的礼物，我们很容易想象它与我们无关。但在西弗吉尼亚州，它的力量仍然是至关重要的。

群山之死

詹姆斯·威克利驾驶着他那辆破旧的轿车穿过西弗吉尼亚州布莱尔，瘦弱的手指间夹着一支香烟，仿佛在幽灵中穿行。他指着两条狭窄的双车道公路下面的一个平坦而长满草的区域说道："那里曾经有三栋房子，小溪对面还有

第四章 土地法：政治选择与关注

两栋。一年前，它们被卖掉了，然后就被烧毁了。"五年前，这个沿着小溪而建、位于两座山之间的小镇拥有商店、一所小学，以及比现在居住在这里的八十户人家多一倍的人口。随后，达尔－特克斯煤炭公司开始在布莱尔山进行露天开采。从那时起，这个地方就被沙尘笼罩，被飞来的岩石袭击，被炸药爆破震撼。每个月都有更多的居民将房屋卖给公司并搬出。当工作完成后，无论是城镇还是群山都将所剩无几。

这些山是世界上最古老的山之一。它们位于壮丽的阿巴拉契亚山脉以西。这条南北走向的山脊曾经比落基山脉还高，现在被磨成了平缓的褶皱，其最高点海拔约有五千英尺。从这些山脉的西部边缘到俄亥俄河，曾经是阿勒格尼高原，一个由黏土、砂岩、页岩和煤炭组成的高原。布莱尔山和洛根县的其他地区是被蜿蜒的溪流侵蚀成高原的。从高处看，这片土地具有蜂窝状融化的花纹质感。山坡陡峭，山脊狭窄，河床底部被临近的山坡压迫和遮挡。

这片高地曾经是俄亥俄河流域筑丘人[①]文化的狩猎场，他们的定居点延伸至如今的西弗吉尼亚州。然而，就

[①] 筑丘人是北美洲多个原始部落居民的统称，他们会建造土丘来进行宗教仪式、举办葬礼和居住，主要分布于五大湖区、俄亥俄河河谷和密西西比河流域。

算这里曾经有过持久的居住地，在美国独立战争后，第一批来自卡罗来纳州的白人移民向北迁徙时，它们最后的痕迹也早已消失了。这些移民是苏格兰人和苏格兰-爱尔兰人，他们的名字与后来来到这里从事矿业工作的希腊人和意大利人的名字混合在一起，至今仍保留在这里。像卡洛斯·戈尔这样一半拉丁、一半凯尔特人血统的名字，在这里并不罕见。在20世纪初的时候，他们当中的许多人以微薄的价格将他们土地下的矿产权出售给东海岸的土地公司雇用的投机者们。在20世纪的头几十年里，南阿巴拉契亚地区的矿业实现爆发式增长。在营地里，矿工们租用煤炭公司拥有的房屋，从公司供应商店购买工具和衣服，并用公司发行的、用来代替真实货币的粗糙代金券购买食品和家庭用品。矿井不安全，预防措施参差不齐且不充分，塌方和窒息死亡的情况屡见不鲜。

在20世纪20年代，美国联合矿工工会（UMWA）的组织者领导了该地区的工会罢工。公司老板们则雇用了来自平克顿和鲍德温-费尔茨侦探事务所的破坏罢工的人。矿工和破坏罢工者在整个西弗吉尼亚州南部进行零散的枪战，这一血腥时期以"矿工战争"的故事传世。1922年，县治安官席德·哈特菲尔德因支持当地罢工者而被监禁后，一万名武装矿工从查尔斯顿游行到煤田的中心地带。他们

第四章 土地法：政治选择与关注

在布莱尔山遇到了民兵和罢工破坏者，并进行了为期三天的枪战，直到沃伦·哈丁总统从俄亥俄州调来国民警卫队后才结束。矿工解散了。该工会最终在十年后成立，当时美国联合矿工工会主席约翰·路易斯在罗斯福政府的支持下重新组织了阿巴拉契亚地区。

在阿巴拉契亚地区，煤矿开采是一个古老的故事。矿工与矿业公司之间的冲突也是如此。该地区最近的繁荣是由山顶移除采矿推动的，并影响到了布莱尔等地。自1981年以来，煤炭公司已经在西弗吉尼亚州开采了五百平方英里的煤矿。1995年至1997年，该州环境保护部（DEP）批准了两万七千英亩的新山顶开采项目，而整个20世纪80年代的开采面积仅为不到一万英亩。现有最大的矿山预计在21世纪初关闭之前占地约两万英亩，而类似的大型矿山正变得越来越普遍。这种破坏性做法导致西南五个流域四百六十九英里的溪流被埋没，全州则估计有七百英里的溪流被埋没。

煤炭的力量

山顶移除采矿技术的兴起展示了市场的力量。煤炭行业正在经历一场巨大的繁荣,但这种繁荣很大程度上导致了失业。美国一半以上的电力由煤炭生产,其每单位能源的成本低于任何其他化石燃料。美国煤炭产量于1990年首次超过十亿吨,并且自1994年以来,每年都保持在这一水平。在过去的十年里,平均每个煤矿工人的产量增加了三倍,而整个经济的生产率增长几乎没有超过每年百分之二。

这些收益伴随着煤炭行业的大规模变革。尽管头戴矿灯、全身沾满灰尘的矿工们仍然每天傍晚从西弗吉尼亚州、肯塔基州和宾夕法尼亚州的矿井中出来,但几十年来,他们的人数一直在减少。他们越来越多地被推土机、爆破装置和煤炭领域的歌利亚①所取代,这些"巨人"是高达二十层楼高的土方机械,可以用铲斗一口"吃"下一百三十吨的土壤和岩石。过去十年,全美范围内的煤炭就业人数减少了一半,在西弗吉尼亚州则减少了三分之一。1948年,也就是在露天采矿出现之前,仅西弗吉尼亚州的矿工人数就超过了今天整个国家的就业人数。新煤炭行业的核心是露天采矿,而最高效的采矿形式就是山顶移除采矿。露天采矿现在占据了美国煤炭产量的百分之六十二,

---

① 歌利亚是《圣经》里被年轻的大卫王击杀的巨人,后来成为"巨人"的代名词。

第四章　土地法：政治选择与关注

以及西弗吉尼亚州产量的三分之一。在全美范围内，平均而言，露天采矿工人生产的煤炭是地下采矿工人的三倍。

其他趋势也推动着阿巴拉契亚的煤炭经营者朝着露天开采的方向发展。煤炭价格从1981年的每吨三十美元以上稳步下降到1998年的略高于二十美元，增加了更多、更快开采的压力。西部矿工受益于厚而易于开采的煤层，使得东部薄煤层和陡峭山区面对的压力越来越大。最后，1990年的《清洁空气法案》指示发电厂使用低硫煤，因为高硫煤是形成酸雨的主要原因。西弗吉尼亚州南部富含低硫煤，但通常分布在细小的水平矿脉中，就像蛋糕层中的糖霜一样，穿过垂直数百英尺的砂岩、泥土和页岩——用传统方法很难开采，但通过山顶移除很容易获取。阿巴拉契亚的矿业公司面临着来自各方的破坏山脉的压力。

法律之下的景观

然而，市场的无情逻辑并非自发产生。它与法律紧密相连，而这种法律又与金钱和权力对阿巴拉契亚地区的影响密不可分。首先，矿业公司不应该随心所欲地进行山顶开采。美国的露天采矿受到一项1977年的联邦法律的管理，即《露天采矿控制和复垦法案》(SMCRA)，该法案的相关人员将其称为"SMACK-ra"。该法案在经过六年的国会斗争并被杰拉尔德·福特总统于1975年和1976年两度否决后，最终获得通过。不过，其真正起源于肯塔基州东部，在20世纪60年代，那里的露天采矿在没有有效监管的情况下爆发式增长。那些财产位于矿业公司拥有的煤炭上的人们发现他们的田地、树林和家族墓地都被毁掉了，而且没有得到任何补偿。

在一些成为民间传说的事件中，年迈的山地居民会在推土机靠近时扑倒在地，有时会羞辱煤炭采掘人员并迫使他们撤离。还有一些人闯入露天矿场的爆破库，利用偷来的炸药破坏推土机和挖掘机。同一时期，肯塔基州律师哈里·考迪尔[①]以其有关该州煤炭工业存在的有力历史赢得了全美关注，其中包括凄凉而哀伤的杰作《夜幕降临坎伯兰》。到了1972年，当地居民、美国志愿服务组织(VISTA)的年轻参与者以及该地区新兴环保运动的成员组成的联盟正在阿巴拉契亚各地鼓动，要求停止露天采矿。随后，一座由采矿废料建造的水坝决堤，在西弗吉尼亚州

---

① 哈里·考迪尔（1922—1990），美国作家、历史学家、律师、环保主义者。在晚年，他积极反对阿巴拉契亚地区矿业公司迅速发展的露天采矿做法。

第四章 土地法：政治选择与关注

洛根县的水牛溪上形成一道黑色的水墙。一百二十五人在洪水中丧生。任何严肃的人都不能再假装露天采矿的唯一代价是伤痕累累的景色了。

肯·赫克勒①是来自西弗吉尼亚州南部的一位夸张而理想主义的代表，他已经在国会提出了关于露天采矿的立法。赫克勒以有时令人感到不适的直言不讳和绝对的表里如一而闻名。他毕业于斯沃斯莫尔学院和哥伦比亚大学，曾任普林斯顿大学的政治学教授，他在演讲中谈到"公正和公平"时既不夸夸其谈也不阴阳怪气。为了避免过于严肃，他养成了在演讲时即兴模仿歌曲的习惯。1968年，西弗吉尼亚州的法明顿发生塌陷事故，造成数十名矿工死亡，他成功发起了第一个国家矿山安全立法，由此，他勉强获得了作为有效立法者的认可。

赫克勒一开始就希望彻底禁止露天采矿，并将执法责任交给环境保护局。在水牛溪灾难发生后，尼克松政府提出了一项较为宽松的法案，该法案将赋予各州进行监管的

---

① 肯·赫克勒（1914—2016），美国政治家。1965年，他是唯一一位与马丁·路德·金一起参加从塞尔玛到蒙哥马利游行的国会议员，也是1969年《煤矿安全与健康法》的主要制定者。晚年他发起运动，反对山顶移除采矿。2009年6月23日，赫克勒与其他人一起参加了西弗吉尼亚州煤田山顶移除采矿点附近的抗议活动并被捕。

主要责任，由矿务局监督，而当时矿务局被广泛认为是矿业界的政治工具。亚利桑那州众议员莫里斯·乌达尔制定了一个折中方案，其中包括严格的联邦标准，允许在有限的条件下进行露天采矿，并将法律交由内政部新成立的露天采矿办公室负责。赫克勒反对这个折中方案，并警告他的同事们："你们知道这个国家的经济和政治历史。你们了解经济和政治压力的现实情况。你们知道，无论是州立法机关还是任何行政机构，都无法抵挡占主导地位的经济集团的财富和权力。"事实上，"煤炭王"长期以来统治着州内政治，煤炭公司属于右翼，同样显赫的美国联合矿工工会属于左翼。如今，随着矿业就业岗位的减少和退休矿工的去世，美国联合矿工工会已经进入了一个漫长衰落的阶段。作为对比，煤炭行业仍然拥有阿巴拉契亚煤炭区一半的土地，而在西弗吉尼亚州的主要煤炭生产县中，这一比例高达百分之七十五。在20世纪70年代初露天采矿的高峰期，一项研究发现，在过去二十年里，每一位州长和参议院主席在就任前或就任后都曾在煤炭行业工作过，或者两者兼而有之。时任州长塞西尔·安德伍德[①]曾长期在煤炭

[①] 塞西尔·安德伍德（1922—2008），美国政治家。于1957年至1961年以及1997年至2001年担任西弗吉尼亚州第25任和第32任州长。他是西弗吉尼亚州有史以来最年轻和最年长的州长。

第四章 土地法：政治选择与关注

行业工作，他的竞选捐款中超过百分之二十来自煤炭行业，他百万美元的就职典礼费用中有百分之三十来自煤炭行业。

重塑法律

赫克勒曾预言，只要煤炭行业在阿巴拉契亚占主导地位，一丁点的监管余地很快就会变成广阔而寸草不生的采矿地。从一开始，西弗吉尼亚州的法规中就充斥着遗漏和创新的解释。新雇用的现场检查员了解了这个"地方版本"的法律，而在某些情况下，他们在工作时并没有意识到自己违反了法律的实际要求。当反采矿活动人士将他们带到法庭，并要求他们大声朗读他们经常违反的法律条款时，不止一个州的监管机构宣布，"以前从未见过这种情况"。在名叫阿奇·摩尔①的腐败州长（他后来被关进联邦监狱）的领导下，煤炭公司在20世纪80年代疯狂扩张。他们在开采过程中无视基本的环境标准，通过宣布破产来规避复垦要求，然后以不同的名称重新组建并继续工作。在这一

---

① 阿奇·摩尔（1923—2015），美国政治家。他当选为西弗吉尼亚州第28任和第30任州长，是西弗吉尼亚州历史上任职时间最长的州长，于1990年被判监禁。

时期，调查记者承担了执法机构的大部分工作，他们发现在单个地下矿井中有多个"公司"同时运营，而母公司则衍生出许多短命的子公司。

自那时以来，西弗吉尼亚州环境监管机构在很大程度上改进了他们的行为，但环境保护局仍然保持与煤炭行业合作的习惯，导致州级实际操作与联邦法律的语言和意图之间存在复杂的差异。最引人注目的是，《露天采矿控制和复垦法案》要求在开采煤炭后，公司必须将被破坏的土地恢复到"近似原始轮廓"，也就是说，将其恢复到与原来大致相同的状态。根据最初的联邦法案，只有当被夷平的土地用于新的、具有生产性的和有价值的"商业或娱乐"用途时，公司才能被豁免这一要求。该法律的重点是，山顶移除采矿是一种发展道路上可接受的捷径，而且似乎无论如何都会发生，但除此之外，山脉应该保持原样。

然而，大多数山顶开采留下的景观没有被开发且与世隔绝。弗吉尼亚州和肯塔基州的州机构允许出于"野生动物和森林管理"的目的而移除山顶，这一类别的范围足够广泛，可以覆盖任何有朝一日可能生长树木或鹿觅食的土地。西弗吉尼亚州认为，一家公司向猎人和渔民开放废弃采矿场的承诺足以使这片土地成为"休闲设施"。只要阔叶林拒绝在露天开采的土地上生长，这两种方法就都只不

第四章 土地法：政治选择与关注

过是一种躲避。森林和溪流的消失并没有改善野生动物的栖息地。由于该州的官方政策令人怀疑，执法一直很松懈，1997—1998年，西弗吉尼亚州发行量最大的报纸《查尔斯顿公报》的年轻记者肯·沃德检查了八十一份山顶移除作业的许可证，发现其中六十一份没有包括对近似原始轮廓要求的名义豁免，也就是说，至少百分之七十五的操作完全是非法的。

山顶移除采矿可能还违反了联邦法律的其他几项条款。《露天采矿控制和复垦法案》要求对山顶开采如何影响水系进行全面研究，但从未进行过这样的研究。联邦《清洁水法》可能禁止用矿区废弃物掩埋溪流，这意味着山谷填充完全就是违法行为。此外，尽管《露天采矿控制和复垦法案》要求公司在开采矿井时提供足够的保险或担保，以便在公司破产或逃避责任时清理矿区，但低估的预算和宽松的执法致使保证金金额远远低于清理废弃地点所需的金额。露天采矿办公室估计其赤字为六千万美元，而其他人认为真正的赤字是这个数字的十倍。

这些都是在露天采矿办公室的监督下进行的。该机构的工作是通过实地检查和对州计划的年度审查，确保严格执行联邦法律。这项任务是艰巨的：《露天采矿控制和复垦法案》是一项不同寻常的立法，它为各州要批准的项目设立了详细的要求而不是广泛的指导方针，并要求对任何违规行为进行罚款和处罚。这些规定承认，在煤矿区，政府和行业之间的腐败合作是很常见的，只有强有力的国家标准才能终止这种模式。该项目开始时势头良好。吉米·卡特总统的露天采矿办公室聘请了以致力于执法而闻名的管理人员和现场检查员。检查员关闭了非法矿井，让不负责任的经营者就范，有时还面临暴力抵抗。一些检查员甚至被整个愤怒的矿工队伍扣为人质。

然后，在1980年罗纳德·里根当选总统后，情况开始瓦解。内政部长詹姆斯·瓦特①任命了一些曾经致力于击败《露天采矿控制和复垦法案》的露天采矿办公室管理人员。他们迅速批准了一批州级项目。根据一位当时在该机构工作的露天采矿办公室官员所说，这些项目"在任何方面都不符合联邦标准"。在20世纪80年代大部分时间里，该机构因潜在的执法者和里根任命的官员之间的小规模冲突而陷入紧张状态，而后者慢慢占据了上风。该项目在老布什总统的首任露天采矿办公室主任哈里·斯奈德的领导下陷入低谷。在丑闻曝光迫使他下台之前，斯奈德的做法是与

---

① 詹姆斯·瓦特（1938—2023），美国政治家、律师，1981—1983年在里根内阁中担任内政部长。他被认为是一位"反环保主义者"，这使得该任命成为里根内阁最有争议的任命之一。

第四章 土地法：政治选择与关注

公司私下达成交易，以削弱执法力度，然后在凌晨时分打电话到下属的家里进行骚扰，强制执行他的安排。

比尔·克林顿在1992年大选胜利给那些从最早期的表面矿山管理局坚持留下来的人带来了希望，他们现在组成了一支久经考验的持不同政见者队伍。然而，到1994年国会易手时，这些希望几乎没有实现。1995年，共和党国会通过了将该机构的项目预算削减百分之二十五的法案。随后的解雇对现场检查员造成了沉重打击，其中很多人正是多年来抵抗里根－布什政府官员的同一批人。

自此之后，某些州的露天采矿办公室对矿场的检查次数减少了一半。露天采矿办公室内部的人员描述了一个孤立而紧张的机构。如果没有克林顿政府的积极支持，工业界对其存在感到不满，失望的环保人士也对露天采矿办公室嗤之以鼻。这导致露天采矿办公室一直面临着被进一步削减甚至完全取消的风险，其代理人行事更加小心翼翼。检查员不高兴地描述了在房屋地基被炸裂、水井被炸毁的社区里，他们怎样无视公民的投诉。他们知道这些投诉是真的，但也知道如果他们处理这些投诉，就会危及自己，或者招致对该机构的新一轮政治攻击。

煤炭的真实成本

这段可怕的历史指向了更基本的问题。移除山顶和填平山谷的长期影响是什么？山顶移除开采和其他形式的露天采矿是否应当合法？我们是否应该像目前这样严重依赖煤炭？

没有人知道山顶移除开采的遗留问题在一个世纪后会变成什么样子。甚至连山谷填充物是否会保持稳定的基本问题，在水牛溪灾难的阴影下，也是不确定的。一些环保部门的员工对填充物的稳定性表示完全的信心，其他人则表示担忧。一位曾在离职前因其工程工作而获得国家奖项的前露天采矿办公室官员表示："随着时间的推移，这些填充物会被水浸透，它们将开始失效。我对此深信不疑。"肯塔基州的山谷填充物脚下曾发生过滑坡事件，但关于这是一个典型还是因为工程质量极差所导致的意外，尚未达成共识。

另一个未解答的问题是露天开采将如何影响阿巴拉契亚地区的水体。河流中的生命依赖于小溪携带的腐烂树叶和其他有机物质，山谷每被填满一英里，这些有机物质都在不断减少。此外，没有人知道将多孔和非多孔岩石层混合在一起会对排水模式和地下水位产生什么影响。阿巴拉

第四章 土地法：政治选择与关注

契亚地区的水已经承载着煤矿开采的严峻后果。无论是露天开采还是传统的深层开采都会破坏含硫的岩石，而硫与氧气反应产生的酸性水可以杀死溪流。西弗吉尼亚州的露天采矿办公室部门估计，该州有两千英里的河流和小溪受到酸性径流和其他矿山污染物的严重影响，其中很多已经死亡。露天采矿办公室还承认，随着该州高硫煤田的数百座矿山关闭，运营商停止处理附近的水源，还有数千英里的水道将面临危险。煤炭也是产生酸雨的头号罪魁祸首，美国七成的二氧化硫排放量来自煤炭，而在仍然严重依赖高硫煤的地区，其排放量更大。俄罗斯的死亡湖泊和东欧被腐蚀的雕像都源于煤矿的拖缆和炸药。燃烧煤炭释放出的二氧化碳是天然气的两倍，比石油和汽油多出百分之五十，这使得燃烧煤炭成为全球变暖的主要原因。除了核能这一有争议的例外，没有其他能源的价格与真实成本之间存在如此巨大的差距。

煤炭所带来的各种危害都是经济学家所称的"外部性"，也就是没有人直接支付的成本或利益。采矿和使用煤炭非常昂贵，对于景观、水道、森林和大气层都造成了损害，但是决定是否采矿或购买由煤炭产生的能源的人，并不需要考虑这些费用。以美元计算的煤炭价格只包括将其开采和运输出来的费用，再加上企业的利润。而开采煤炭的成本，仅仅包括土方设备、炸药和工资的费用。企业继续进行露天开采，因为这种方式成本低廉；人们不减少用电，因为电力便宜；与此同时，煤炭的真实成本在我们周围积累，却从未作为我们实际做出的经济决策的一部分体现出来。这种深层次的不负责任渗透在国家的能源经济中，鼓励我们忽视我们所做之事的后果，而追求以毁灭为基础的能源繁荣的虚幻效率。

事情的本来面目

破坏性能源经济可以被称为社会生态学的危机，它是对我们决策所涉及的复杂制度和承诺网络的严重扭曲。从这个角度来看，这个问题表明需要采取政治应对措施，这已受到具有环境保护意识的经济学家和具有经济意识的环保主义者的关注。他们提出了一个乐观的解决方案，认为法律措施可以将社会生态重塑为更加负责任和可持续的形式。他们的主要思想是通过法律手段消除煤炭的人为低廉性具有可能性。一个备受青睐的提议是对化石燃料排放征收"碳税"，这意味着按照能源使用所产生的温室气体数量来征税。汽油价格将上涨，煤炭发电的电价上涨更多，

第四章 土地法：政治选择与关注

天然气价格也会上涨，但程度较低。这些变化将改变人们的日常体验。煤炭将不再是世界上最廉价的燃料，因为它的价格将反映出它的破坏性影响。矿业公司将失去不劳而获的经济优势。电力公司将有理由使用更少污染性的能源，如天然气，而不是煤炭。一些人甚至可能更认真地考虑太阳能和风能，这些领域的技术进展很有前景，但研究投资仍然较低。

如果碳税按照设想的方式发挥作用，个人也会有理由做出更负责任的选择。高里程的汽车将带来实质性的节省。依赖廉价、污染严重的燃料以保持价格低廉的工业化农业，有时可能会让位于本地种植的有机产品。当然，普通人缴纳的税款，特别是能源税，对穷人和劳动人民的打击尤其严重。然而，碳税的支持者在这方面也有答案。对他们来说，重新调整社会生态意味着更容易做出正确的决策，因为错误的决策变得不那么令人愉快。碳税所得可以用来减少工资税，这意味着人们可以保留更多的薪水，雇主承担的每个工人的成本也会降低。如果经济模型是正确的，这应该意味着更多的就业机会和更高的工资。部分碳税资金还可以用于支持环保能源研究的税收减免，鼓励产业在这个领域创造就业机会，而不是在社会效益较低的领域。

这些都是值得赞扬的想法。提出它们的初衷是好的，而且从最大的尺度上来看，人们对它们的分析是合理的。阿巴拉契亚的毁灭是一个可怕的预兆，它表明狭隘的经济逻辑必须被改变。最终，尽管我们可能会拯救某一个而不是另一个陷入困境的地区，但除非首先重塑我所说的社会生态，否则我们能否拯救全部甚至大部分地区，还是值得怀疑的。

然而，不知何故，这些想法还不足够。它们很容易口头表达，但很难在现实世界中实施。多次重复后，它们开始听起来像是虚伪的言辞。如果我们一直在听公共政策的讨论，或者如果我们被全面质量管理或其他一些知识潮流的"传教士"所拜访，我们就会发现它们与乐观的官僚、"双赢"的设计师、一心想把所有最好的人聚集在一起的共识建设者的行话有着某种相似之处，他们确信只要能把足够多的最优秀的人聚集在同一个房间里，就能让每个人都看到最佳解决方案。这些好的想法展现出了一种不真实性，这种不真实性已经影响了整个公共生活。

在霍贝特21号煤矿的演讲中，布鲁斯·巴比特称这个荒废的地点为"我们可以拥有充满活力的经济并与自然景观保持平衡的证明"。对巴比特来说，在西弗吉尼亚州的那一刻，言辞成了演讲者和世界之间的屏障，用无害的措辞掩盖了事物的形状和质地。几乎每个人都能感觉到，那

第四章 土地法：政治选择与关注

种谈话方式无法真正理解世界向我们呈现的困难。有很多事情，凭良心来说是很难反对的。环境保护就是其中之一。在某种程度上，繁荣是另一回事，高效的能源生产也是如此。抽象层次越高，可以同时支持的善意就越多：一个人距离某个特定地方越远，他可能看到的这些善意之间的冲突就越少。巴比特能够毫不犹豫地同时支持这些事业。碳税的倡导者也是如此。如此全面的宣传会引起怀疑，这是理所当然的。不劳而获的乐观最终会招致怀疑，甚至导致绝望。相比之下，赢得希望需要更严厉的审视，能够区分真实和不真实的前景。

在我看来，对这一观点最有力的证明并非来自阿巴拉契亚，而是来自我的另一个试金石——中欧。这个观点的证明来自波兰作家切斯瓦夫·米沃什的著作《被禁锢的头脑》。米沃什于 1980 年因其诗歌获得诺贝尔文学奖，但他在 20 世纪中叶就写下了这本书，那时他刚刚辞职并流亡到西方。这本书研究了米沃什的同时代人——反纳粹抵抗运动的作家和知识分子是如何适应共产主义的到来的。

他的书提出了一个答案：对于周围环境既慷慨又严格的关注，是一种"对真实的热情追求"的道德必要性。他以诗人的身份撰写社会批评，但由于他的职业，他无法让特定的事物变得或多或少。他认为，任何其他态度都将等于背叛自己的远见。反过来，自我造成的盲目则是背叛世界的方式。他目睹了20世纪一些重大的背叛行为。对他来说，辨别忠诚如何仍然可能是最重要的。他的答案就在于专心致志。

正是通过这种专注，我们必须开始对能源经济进行诚实的观察。我们的自然资源产业是建立在一个又一个地区的牺牲之上的。阿巴拉契亚的煤矿之后是蒙大拿的铜矿，怀俄明和科罗拉多的煤矿和金矿，以及华盛顿、俄勒冈和阿拉斯加的伐木场。只有当我们将目光从这些地方移开时，隐性成本才会被隐藏。我们持续的时间越长，就越无法用清晰的目光去观察。环境破坏的代价是真实的。我们只需要决定是否承认这一点。

法律与责任

让人们关注法律和政策是非常重要的，因为它们和其他公共事物一样，充斥在我们的生活中，并影响着负责任地生活的可能性。当我们让公共对话变得不切实际时，我们就让自己忽视了一些我们无法逃避的重要事物。忽视现实只会让我们在面对现实时措手不及。

第四章 土地法：政治选择与关注

瓦茨拉夫·哈维尔坚持认为"我们都有罪"。同样地，我们都卷入了我们的经济体系，以及其法律边界之中。只要这是一个破坏性的经济体系，我们就是破坏者。只要这是一个剥削性的经济体系——尽管有关于它的种种辩解，许多美国工业都是剥削性的（在国外这一点尤甚）——我们就是剥削者。这是事实，无法逃避，尽管在情感和理智上我们都善于逃避。

当公共言论涉及现实时，往往是以小的和地方性的方式进行。全美各地的城市，包括波士顿、洛杉矶和明尼阿波利斯－圣保罗，已经通过了"最低生活工资法"，即要求与市政府签约的公司提供健康福利，并向工人支付足够的工资，使一个四口之家免于贫困。"最低生活工资法"以一种温和的方式调整了当地经济的逻辑，改变了一个中等规模城市中几千人甚至上万人的处境。同样重要的是，这样的法律是对责任的明确表态，也是一种希望的实验。通过一项"最低生活工资法"，意味着承认经济并不是一个必须接受其规则的自然事实，也不仅仅是国会、华尔街和美联储的产物。"最低生活工资法"提议，建立一个负责任的经济，无论多么不完美和不全面，都可以从具体的个人和公共行为开始。

这些行为对于我们的想象力有所帮助。它们使经济应受公平原则支配的陈词滥调摆脱了一些不现实的东西。谈论国际协议将贸易协定与安全的工作条件、体面的薪资和为孩子们准备更好的未来而不是在血汗工厂工作的教育体系联系起来并不难。同样不难想到,这样的协议在短期内不太可能实现,而且它们将带来众多复杂的实际问题。对这对不相匹配的想法的通常反应是,一个人陷入模糊的善意或带着些许内疚的同意。对负责任的经济的希望取决于人们对这种经济理念的承诺,以及找到使这种承诺有效的方法。再强调一遍,除了那些妄想的人,我们不可能对不真实的事物做出承诺。如果没有一些能使经济的道德维度在我们身上变成现实的工作,我们将对它们视而不见。

因此,我们需要地方工作,也需要国家政策在人们的生活中产生实际影响。然而,尽管最容易欣赏到眼见为实的事物,但我们不能将注意力仅限于这个层面。无论是国内经济还是国际经济,都需要具有同样的治理,而认真思考这种治理所需的想象力并不容易实现。它是一种受过教育的想象力,不仅能通过地方上的努力理解一般原则,还能感知到当地的事件如何被卷入更大的生产、交换、政治和经济权力体系中。对那些能够把握能源经济的逻辑,理解当前的法律、利润和损失如何强制执行破坏性实践的人来说,碳税的概念会变得更加真实。能源经济与当今法律

第四章 土地法：政治选择与关注

关注的许多问题有一个共同点：它们在生活中起着同等重要的作用，却远离我们的思考和理解。通过将注意力集中在我们周围的晦涩、难以控制但普遍有影响力的法律和制度上来缩短这种差距，这是一项艰巨而不可或缺的工作。我们没有其他办法让已经在这个世界上非常现实的东西在头脑中变得真实，因此也没有其他办法让它变得更好。

这些问题只有在我们认真和准确地意识到它们的时候才是真实的。将露天采矿与关于效率、产权或国家经济增长的一般论点放在一起考虑，应该提醒我们，负责任的思考必须抵制模糊的抽象概念。托克维尔指出，在他所处时代的美国人更容易使用抽象词语而不是具体词语，而且他们在谈话时，提到"偶发事件"就像担心推倒一座山会把酸性水排入当地的溪流一样真实。每当谈论"幸福"或"高效能源生产"时，如果不理解我们讨论的是，是否要破坏山脉，就会有犯同样错误的风险。而且这里并不是泛指所有的山脉，而是阿巴拉契亚中部几千平方英里的山峰，或是布莱尔山之战的遗址。这种抽象概念在道德上是不诚实的：它让我们相信我们只是尽可能多地获得善好，而实际上我们正在选择在哪里和牺牲掉谁来获得这一切。只有理解了这一点，我们才能开始认真对待法律和经济的发展，要求减少对社区和自然环境的牺牲。

没有一个了解西弗吉尼亚州并尊重准确言论的人可以像布鲁斯·巴比特在霍贝特21号煤矿那样讲话。同样，任何一个刚从直升机上下来、设法关注周围环境的人也做不到。对能够进行必要的区分并承载希望的言论和思考来说，巴比特所欠缺的那种专注是必不可少的。关注阿巴拉契亚，就像关注任何特定地方一样，是纠正他所展示出的愚钝和抽象倾向的一种方式。这提醒我们这些问题在任何层面上都不容易解决。然而，如果没有法律和政策的支持，我们无法在这个领域完成良好的工作，因此，理解这些法律和政策的重要性就更加迫切。

这种专注可以帮助我们看清楚什么能，什么不能支撑我们的希望，因此它可能是我们对抗绝望的最佳依靠。对公共事物感到绝望的诱惑在移除山顶的故事中得到了一些鼓励。然而，同样可怕的历史也提醒我们，公共希望是如何成为可能的。山顶移除采矿已经顺利推进了二十多年，对它的新一轮抗争始于《查尔斯顿公报》让肯·沃德在一年多的时间里定期撰写有关山顶移除采矿的文章，并通过社论和专栏文章支持他来反对这种开采方法。如果采矿法在阿巴拉契亚地区得以实施，这将部分得益于沃德的工作，部分得益于坚持不懈的公民团体继续向州和联邦机构施压，将法律变成现实。自1980年以来，这些公民和该州勇敢的

第四章 土地法：政治选择与关注

新闻记者几乎每时每刻都在为环境提供充分的保护。他们也在1977年通过《露天采矿控制和复垦法案》的过程中发挥了很大作用。如果没有他们的调查文章、诉讼和不懈的监督，西弗吉尼亚州在环境监管方面的法律和实践将相去甚远，让法治的理念变成一个令人遗憾的笑话，而不是一个陷入困境的原则。

沃德和他的盟友站在一长串与他们的其他工作并肩抵抗煤炭掠夺的阿巴拉契亚人中。《夜幕降临坎伯兰》一书的作者、律师哈里·考迪尔致力于记录他的家乡景观的破坏。他的写作包含了一生经历的真相和一种无法克服的愤怒的张力，要忍受就必须将其转化为工作。他为另一本描述当代肯塔基州露天采矿的书命名为《我的土地正在死去》。这种内心的呐喊在他的所有作品中回荡。温德尔·贝里成年后一直致力于记录他的家乡肯塔基州的保护和开发的相互竞争的原则。这些人都不是狭隘的政治人物，但都是杰出的公众人物。没有他们，公共事务就会失败。

法律既依赖那些负责实施法律的人之间的执法文化，也取决于那些名义上负责制定法律并无可避免地生活在法律管束之下的公民的参与。在阿巴拉契亚地区，采矿法因第一方面的失败而被扭曲。它在第二方面的活力之下才得以被部分挽救。只有当一定数量的人致力于将法律视为公共事务、作为维护公域的任务时，法律才能发挥其作用。事实上，只有这样，我们才能可信地认为它具有这样的作用。如果没有这种想法，公域就会遭受灾难，依赖公域的我们也会受苦。

反过来，如果法律要完成我们最需要的一些工作，那么同样的工作也必须在法律之外，在我们自己的生活中进行。法律与我们负责任和不负责任的行为紧密相关，然而，在像碳税这样的法律"修正"提案中存在着一种可怕的不现实感。这些政策面临一个不容忽视的事实：我们的生活方式既没有促进也没有承诺维护一种仅仅通过立法来规范的"负责任的经济"。我们感觉到，尽管我们并不欢迎这种看法，但许多关于明智政策的讨论是建立在一种假设之上的，即我们可以在不改变自己的情况下变得负责任，仅仅通过改变物价就能实现这一点。

在这些基本问题上，通过法律进行的改革只有在与生活相结合时才能有效。这种生活方式认识到法律中包含的一些原则，并且试图实践它们。如果我们不能成为一种对要求更加深思熟虑、对需求更加适度、对行动更加专注的人，那么这样的经济模式就不会通过法律或政府实现，因为它不会在没有法律和政府的情况下实现，改变我们自己由此变得更加重要。我们既是这种体面经济可能性的起点，

第四章 土地法：政治选择与关注

也是终点，因为我们是唯一的责任方。责任始于专注，因为只有这样，才能帮助我们辨别希望的条件。

第五章

邻居与机器：技术与责任

有一种邻里关系的法则,不会让一个人在自己的地盘上成为完美的主人。

——埃德蒙·伯克

第五章 邻居与机器:技术与责任

当词语所描述的现实不再存在或变得面目全非时,词语的意义也随之发生变化。词义的变化在语言中绘制出一种地图,反映了世界的变化。

以"邻居"这个词为例。传统上,在这个国家的任何地方,居住在同一个地方的人们出于需要而互相认识和彼此适应。当大多数人在土地上劳作时——就像一个世纪前发生在这个国家的事一样——邻居们依靠同样的田地、溪流和池塘来照顾他们的牲畜。任何人都有能力破坏这些共同的资源,每个人都明白这将是多么可怕的行为。至少,任意两个邻居都依赖于一条共同的栅栏,通过相互理解,共同维护这条栅栏。虽然几乎没有正式的束缚,但每个人都知道可以依赖对方来修复损坏的电线或掉落的石头,或者找回一头迷失的牛。对这些责任视而不见被认为是严重的过错,足以将某人排除在邻里社会之外。由于他们必须共同工作，所以邻居们彼此互相了解。当只有手写的信件、报纸和书籍将他们与家乡以外的世界联系在一起时，他们通常不会把彼此仅仅视为是工友。在教堂、政治活动、舞会和其他聚会上，他们的个性相互交融，产生了宽容、互相迁就和深情厚谊的奇特模式。邻居与当地地形或地方政府的质量一样，都是一个地方的一部分特征，而且往往比后者更重要。

我并不是要对这种旧时的邻里关系表现得虔诚或怀旧。然而，重要的是要了解，亲密关系曾经对人们之间的关系有多么重要。一百多年来，它的重要性一直在减弱。罗伯特·弗罗斯特①在《补墙》中记录的正是这种衰落，而不是一个活生生的传统。在这首诗中，他与邻居碰面，进行春天的仪式，更换因为冬天霜冻而松动的石头，这道墙沿着他们半废弃的农场边界延伸。弗罗斯特称这个活动为：

> 这不过又是一种户外游戏，
> 一个人站在一边。此外没有多少用处：
> 在墙那地方，我们根本不需要墙：

---

① 罗伯特·弗罗斯特（1874—1963），美国诗人，曾四度获得普利策奖。

第五章　邻居与机器：技术与责任

> 他那边全是松树，我这边是苹果园。
> 我的苹果树永远也不会踱过去
> 吃掉他松树下的松球，我对他说。
> 他只是说："好篱笆造出好邻家。"①

弗罗斯特反思道：

> 为什么好篱笆造出好邻家？
> 是否指着有牛的人家？
> 可是我们此地又没有牛。

在诗的结尾，弗罗斯特将他的邻居想象成原始的野蛮人，他"不肯探究他父亲传给他的格言"，即这句"好篱笆造出好邻家"。他不会试图找到它的目的并判断它是否依然有效，这句格言是否依然有力或已经过时。答案是，一个没有牛的景观，一个未经开发的景观，不再需要旧有的规则。相反，它引发了弗罗斯特的个人主义奇思妙想：

> 它不喜欢墙，

---

① 梁实秋译本。

它要推倒它。

　　弗罗斯特知道而他的邻居不知道的是，邻里关系的整个实践正在他们皲裂的双手之间消失。只有当父辈的格言"背后"是物质现实，是我们花费时间和精力并赋予其生命的方式时，我们父辈的格言才能保留在我们心中。

　　如今，"邻居"这个词的最新用法出现在互联网上。它是指那些被在线书商和音乐商家的推荐程序认定的具有相似品味的人。这些程序的算法通过以往的购买记录来预测未来的兴趣。奇怪的是，这种新的用法是完全正确的：邻居们通过他们如何度过时间、他们担心什么、他们可能因什么而欢欣鼓舞等方面的共同点而联系在一起。不过，这种正确性被睦邻关系的空洞化所掩盖。在这个世纪里，邻近与其说是一种共同面对的困境，不如说是一种赤裸裸的事实。邻居碰巧住在隔壁，但他的谋生方式、娱乐方式或追求友谊和浪漫的方式，与我们相比，与同城、邻州或另一海岸的其他人相比，没有任何关系。所有的墙都倒了。

　　这正是梭罗在写下"不是我们乘坐火车，而是火车碾过我们"的时候所担心的变化。生活中的千千万万个小变化将反过来改变所生活的社区，甚至是文化。它们会剥夺词语的意义，也就是说，从我们那里夺走了思考自身和世

第五章 邻居与机器：技术与责任

界的方式。同时它们也会赋予词语新的意义，一些在过去难以想象的意义。这些变化中最强大的现在发生在技术方面，从梭罗所说的连接了农场、城镇和城市的铁路，到预示着消除旧有邻里关系观念的汽车，再到赋予旧有观念新的、超越实体的生命的信息系统。

正如法律和政治中的每个决策都是关于我们将成为什么样的人的选择，科技的每一次新应用在某种程度上都预示着下一个形态的到来。如果在没有经过仔细考虑的情况下就做出这些改变，并认为每一个改变在当时都是微不足道的，那么我们就有可能在不经意间变得无法认识自己。我们可能会发现自己在呼应 T.S. 艾略特笔下的普鲁弗洛克所说的话："我根本不是这个意思。"[①] 因此，我们对技术进行负责任的思考至关重要。

[①] T.S. 艾略特（1888—1965），美国诗人、剧作家，1948年获诺贝尔文学奖。他的代表作有《四个四重奏》《普鲁弗洛克及其他》《荒原》等。在长诗《普鲁弗洛克的情歌》中，艾略特讲述的是一位中年的文人想去看一位他心中喜爱的女性，但是踌躇不决，生出许多思考。艾略特借此描写了当时社会的病态特征。

关于基因的思考

基因工程体现了思考技术的必要性。它激起了十分混杂的反应，引起了我们对技术变革的反应中普遍存在的矛盾情绪。一方面，它有望预防先天性疾病，开发糖尿病等疾病的新疗法，并有可能延长寿命和确保整体健康。然而，另一方面，这项技术的某些方面引起了道德问题并引发了深深的不安。例如，科学家们已经证明了他们有能力创造没有头或中枢神经系统的青蛙，这引发了将无意识的"人类"用作器官来源的不安。普林斯顿大学的分子生物学家李·西尔弗甚至预测，基因工程可能会导致未来的多阶级社会，其中"强化人"（基因强化个体）占据重要且报酬丰厚的位置，而"自然人"（像我们这样的人）则被降级到卑微的任务，例如清洁和儿童保育。基因技术表达了一个关于技术变革的基本事实，并用足够鲜明的语言来吸引和抓住我们的注意力。基因工程广泛普及的前景，让我们倾向于隐藏或是不情不愿地承认的事情变得明确：在创造新技术的过程中，我们正在重新塑造自己。

如果要认真地评估技术，我们就必须要能够评估像生物技术这样的激进现象。这意味着要考虑未来的新权力可能会如何影响维护某些特定价值观的能力。这与其说是一

第五章　邻居与机器：技术与责任

个社会预测的问题，不如说是道德敏感性的反映。现在，我们对自己最好和最坏的可能性都有所了解，并大致知道如何维持最好的可能性以及最坏的可能性在哪里发生。一项新技术又会如何与这些互动，并把它们带向何方？

通过这些问题，我们第一次接触基因技术时的矛盾心理变得更加清晰。作为初步尝试，我们可能这样看待这个问题。基因工程有望推进人道主义的核心价值观——致力于缩小死亡和痛苦的界限——以及自由的自我发展，追求个人的成就和卓越。然而，新技术同时威胁到关于平等的重要承诺。平等既是社会目标，也是一种关于人类基本重要性的道德观。这种变化将对道德和公共生活产生严重的后果。抓住这种可能性，并看到它与众多伴随而来的好处之间的关系，是评估新生物学的基本工作。

尽管基因工程令人兴奋，但还没有一位科学家改变过人类的遗传基因构成。正在使用或正在开发的"基因疗法"主要是一些超级药物，例如，改造细菌，使之能够产生胰岛素，并注射到糖尿病患者体内，从而发挥自身细胞无法完成的作用。同样，囊性纤维化患者可以吸入一种含有产生健康肺功能的遗传物质的感冒病毒溶液。如果病人感冒了，他的肺细胞可能会吸收一些健康物质，从而在一段时间内正常工作。

然而，公众的辩论主要集中在改变遗传基因的技术上，即在后代的血统中引入新的因素。这种工程仍然是试错性质的，但已经在实验动物中变得司空见惯。其产品包括含有人类遗传物质的小鼠品系，以及经过改造可产生具有医学价值的物质（通常在其乳汁中）的农场动物。没有理由认为当前技术相对低下的水平会持续很久。大多数专家预计工程技术的复杂性和可靠性将大幅提高。同时，"人类基因组计划"是一项资金充足的计划，旨在绘制出包含十万个人类基因的图谱，该计划乐观估计在2005年全部完成。① 尽管并非每个人都同意李·西尔弗的观点，即在下个世纪中叶将可能实现完全经过改造的"设计婴儿"，但没有人否认我们的发展轨迹正在朝着这个方向前进，并且不会突然停止。

随着技术的发展，科学家、伦理学家和活动家们已经提出了可接受程序和不可接受程序之间的分界线。最强硬的观点认为，人类没有资格篡改基因，永远没有。这种观点在许多宗教团体中得到有意义的支持。几年前，一些宗教领袖联合发表的一份声明谴责了科学家为新的生命形式

---

① 人类基因组计划是一项国际科学研究项目，于1990年正式启动，2003年宣布已完成人类基因组计划的测序工作。

第五章 邻居与机器：技术与责任

申请专利的前景。这种观念的基础是，在自然秩序的某些领域，应该保持对人类活动的限制。然而，当将这个原则应用到具体情况时，它往往会失去吸引力。没有多少人会同意拒绝对糖尿病患者或囊性纤维化患者进行基因增强治疗，理由仅仅是这些技术不如每天使用的合成药物和化学疗法那样自然。如果我们能在出生时治愈泰-萨克斯病①，拒绝这样做将是非常残酷的；因为基因和身体其他部分之间的差别而拒绝对同一疾病进行产前治疗，也会产生同样可怕的后果。我们坚决主张减少痛苦；而经过深思熟虑后，我们会发现通过基因工程来实现这一目标，与目前实现这一目标的方式是一致的。

大多数关于基因工程的限制建议都承认人道主义的力量，并试图在治疗和"增强"之间划清界限。一旦这条界限明确，就允许治疗，禁止增强。长期以来，这一直是专业的生物伦理学家的一项重要提议，并且在专业期刊上出现的次数比在大众媒体上出现的次数要多得多。它得到的大众关注相对较少，主要是因为，即使是专业的生物伦理学家也开始承认，它不起作用。这条界限是不会静止不

---

① 泰-萨克斯病，也称黑蒙性家族痴呆症。患者细胞内的溶酶体缺少氨基己糖苷酶A，导致神经节苷脂GM2积累，影响细胞功能，造成精神性痴呆。

变的。

之所以会出现这样的情况，一定程度上是因为定义问题。人类的"健康"没有单一的基准。我们锻炼身体、服用维生素、吃得良好，并不是为了"增强"自己的健康，而是为了"保持健康"。因此，在某种程度上，"增强"也是"健康"的一部分。同时，对任何有先天缺陷的人来说，基因调整到平均水平的功能显然是一种增强，因此与一直达到最大、"最健康"的水平没有什么不同。

这些是界限不断变化的技术原因。还有文化原因，而且两者相互作用十分密切。当代文化，特别是以威廉·冯·洪堡①和约翰·斯图尔特·密尔②为根源的思想，坚定地致力于这样的理念：人们应该能够尽可能充分地发展自己的才能，并在可能的情况下获得新的才能。这是现在我们所说的"自由"的重要内涵。我们认为，父母应该能够将他们的孩子送到好学校，那些有能力支付费用的人可以聘请私人教练，学习语言或学习乐器的人表现良好，甚

---

① 威廉·冯·洪堡（1767—1835），德国哲学家、语言学家、教育家，柏林洪堡大学的创立者。

② 约翰·斯图尔特·密尔（1806—1873），英国哲学家，功利主义和自由主义的代表人物。其代表作《论自由》在1903年被严复译为《群己权界论》，并多次再版。

第五章 邻居与机器:技术与责任

至值得称赞。在自由市场面临来自威权社会主义的真正竞争时,对自由市场最常见的辩护之一是市场允许个人追求(尽管不是总能实现)他认为最能实现自我价值的职业生涯。这些都使我们不愿意尊重这条分界线,因为就在另一边,我们瞥见了更丰富的生活。我们不愿意画一条线,然后停留在它的一边。

承认这两个困难表明,某种程度的增强——不管我们对其有何解释——是不可避免的。有些人对这个话题进行了大量的充满希望的乐观猜测。科学哲学家菲利普·基彻[①]在《未来的生活》一书中提出了一种"乌托邦式优生学",其中父母将选择他们认为合适的孩子的属性。尽管他没有设想对这些选择的法律限制,但基彻向读者保证,家庭将参与"对价值观和决策的社会背景进行广泛公开讨论",并以"普遍尊重差异以及实现共同目标的公开承诺为指导"。基于这种承诺,基彻写道,一个公正的全民医疗保健系统将使所有家庭都能够获得同样的基因程序。

基彻认为,自由主义对人道主义和平等的承诺可以与基因自由主义和谐共存。在评估这种乐观主义时,考虑到李·西尔弗在《重塑伊甸园:克隆和美丽新世界之外》中

---

① 菲利普·基彻(1947—),英国科学哲学家。

呈现的乌托邦式优生学画面是很有启发性的。西尔弗愉快地编织了一个关于生物技术未来的自由主义故事，这个故事没有受到基彻的自由主义约束。西尔弗预测，"改变人类本质的力量"将导致基因强化人和自然人之间的差异呈指数增长。在描述未来千年的想象历史时，他写道："（在2350年）所有的国会议员、企业家、其他专业人士、运动员、艺术家和演艺人员都是基因强化阶层的成员。"然后，基因工程开始产生各种基因优越人群的变种。"到27世纪中叶，已经有至少十几个不同物种的人类后代，其染色体数目从自然人的四十六个变化到最强大的基因强化人的五十四个不等。"

西尔弗提出这些建议的重点并不在于它们的可信度。从原则上讲，预测复杂而遥远的创新是不可能的，因为如果没有详细了解它们如何运作，我们就无法知道它们是否会发挥作用，而任何了解这些工作方式的人实际上都已经实现了所预测的创新。西尔弗的技术预测尤其令人怀疑，因为遗传学的运作方式大部分仍然是神秘的，没有人能够有把握地说哪种技术革新在原则上是可能的，更不用说哪种技术革新会成为现实。长期的科学猜测属于科幻小说，在这里也许属于科学幻想。

然而，幻想实际上揭示了很多关于那些追求它的人的

第五章 邻居与机器：技术与责任

信息。由于对遗传学知之甚少，我们几乎不可避免地将有关基因工程的争论作为社会、政治和道德的愿望和恐惧的传声筒。我们对技术的思考方式在这个模糊又广阔的领域中得到了无拘无束的表达。从这个角度来看，西尔弗的极端观点展示了两种道德上的危险。用梭罗的比喻来说，他对技术的态度相当于躺在新铺设的铁轨上，热切地期待着迎面而来的火车。西尔弗的热情几乎是一种活力论，是对自然、技术和人类的聪明才智摧毁旧生命形式并催生新生命形式的力量的颂扬。这种态度不怎么关注所摧毁和所创造的东西的相对价值，而更注重这个令人兴奋的创造性破坏过程本身。

这让人不禁想起《连线》杂志的经理人。主编凯文·凯利在他的书《失控》中提出，"先天与后天"之间的旧分界线已经不可挽回地变得模糊了。生物技术，特别是基因工程，已经开始将技术成果植入生物体内。与此同时，通过发展无计划的秩序来模仿进化过程自我复制的计算机程序，以及"人工智能"的早期阶段，将生命的动力引入了机器中。凯利认为，技术的变革使我们能够看到一直以来都是真实存在却被隐藏起来的事实。生命不仅仅是碳基生物，还是任何自我组织、自我复制的现象系统，凯利称之为"生命系统"。我们是生命系统，但计算机系统、市场经济和"神经束与硅的混合体"同样也是。此外，凯利推测，生命有一种将自身扩散到以前的惰性物质中的倾向，对抗熵并减缓宇宙的死亡。通过从我们身上转移到计算机中，"生命征服了碳"并继续前进，使得人类"只是超级生命驰骋太空的一个过客站"。

这些可能看起来像是一个过度兴奋、特立独行的思想吹出来的泡沫，而在某种程度上确实如此。然而，凯利将他与西尔弗共有的对技术的普遍态度表现得淋漓尽致。以工业经济向信息经济转型后出现的经济动荡为例，1997年，凯利在《连线》杂志中写道："在诗意的意义上，网络经济的主要任务是摧毁工业经济——摧毁一个个公司、一个个行业。"我们可能至少有义务去缓和这种变革，以便新经济不会造成许多人的生活遭到破坏，但这种想法与他的观点格格不入。凯利认为经济转型是一种生命系统相对于另一种生命系统的进化胜利，而人类只是其中的"一个中转站"。这充分展示了他描述中的狂热口吻。

本着同样的思路，凯利的技术浪漫主义引导《连线》杂志蔑视生态问题。前一年，相信"基因工程是自然进化的下一个阶段"的加州大学洛杉矶分校生物物理学家格雷戈里·斯托克告诉该杂志："地球正在经历大规模的物种灭绝……我们正处于其中。"然而，我们不应该担心，因

第五章 邻居与机器：技术与责任

为"现代技术是一次重大的进化转变……如果这种转变没有破坏现有生命，那将是令人惊讶的"。当然，如果足够坚定，就连全球变暖和臭氧层空洞也可以被视为"进化的转变"，是人类和工业"生命系统"的胜利。然而，读者有理由认为，这种解释丢失了某些东西（也许是最重要的东西）。凯利的生物学思想蕴含着一种对有关管理自然世界想法的令人目眩的自满。

这种自满是凯利和西尔弗所共有态度的内在特征。当任何转变都是生命与熵做斗争的结果时，对社会和经济变革的辩论似乎是愚蠢的。趋势变得不可避免，而且不可避免地是好的。任何颂扬在社会中流动的原始自然力量的学说，最终都会以牺牲负责任的思维工作而告终，从而换取活力论那充满热情的乐趣。凯利只是比大多数人更快地得出结论。

西尔弗无意中表达了基因工程的核心道德风险。在他描述的世界中，作为我们共同拥有条件的人性已经消失了。在这个世界中，称呼我们"平等"几乎是一个概念上的混淆。诚然，平等不同于千篇一律，但它确实假设有足够的共性，使得相同的事业、恐惧和愿望对每个人都有意义，并且所有人都至少面临着相当的限制和危险。我们对其他人的关心，尤其是对那些在直接关爱圈之外的人的关心，与我们分享共同的脆弱感有关。我们认识到身体和精神上的痛苦是不可避免的，孤独是无法根除的，我们的生命都会走向同样的死亡。这样的认识对我们产生了深刻的影响。在最好情况下，我们会受到一种所谓的"动摇者的团结"的影响：那些认识到彼此之间、与自己最看重的东西之间乃至与自己生命之间很容易被分离的人紧密地团结在一起。这是一种对人类世界的捍卫和维护，是在认识到这个世界的脆弱性后产生的。"动摇者的团结"这个术语正是捷克哲学家和持不同政见者扬·帕托契卡[①]发明的，他在受到秘密警察的殴打后死亡。

　　一些生物技术所追求的雄心壮志和它引发的幻想，威胁着我们对共同价值和共同危险的认知。让某些个体乃至某些阶层免于不完美、平庸和各种身体痛苦的困扰，会让人放弃关注那些缺乏天赋的人。用弗罗斯特的话来说，它渴望消除对彼此的关心背后隐藏的东西，而这正是我们所说的道德平等的实质内容。铺设新的石头可能会使我们中的一些人从动摇到不可撼动，而让其他人颤抖不已。这种危险弥漫在生物技术中。它引诱我们否认责任。这应该成为我们整体上对技术进行思考的最终焦点。我们需要辨别

---

　　① 扬·帕托契卡（1907—1977），捷克哲学家，胡塞尔学生。

第五章 邻居与机器：技术与责任

这些变化在什么地方会怎样削弱共同的人性意识，并阻断我们的道德关怀来源。

通向至恶

当我们基本的道义价值受到侵蚀时，我们遭受痛苦的意义会消退，人道主义价值观也会受到威胁。在家门口，产前检测已经可以揭示对大量不断增加的遗传疾病的易感性。保险公司正在考虑拒绝承保可以通过测试预测的疾病，而有能力承担测试的父母则面临着是否将"不完美"的孩子带到这个世界上的决定。在很大程度上，复杂的基因筛查预计将在较长时间内（如果不是永远）成为富裕阶层比其他人更容易获得的选择，大多数先天性疾病将成为"穷人的疾病"。这对研究经费、政策关注和公众关注而言是非常令人沮丧的。

除了平等的问题，还存在更广泛的人道主义关切。如果选择堕胎"有缺陷"的胎儿变得更加普遍，我们应该思考这些区别是否会渗透到其他领域。我们为先天性残疾人提供的资源在一定程度上反映出我们认为他们的状况是无法控制的悲剧，我们愿意分担，减轻他们痛苦的负担。然而，就像可以因为无法避免的事情而变得善良或谦逊一样，我们对于认为可以避免的不完美往往是不耐烦甚至是残忍的。我们越是能够排斥这些不方便的同胞，对待他们就越有可能变得冷酷无情。当"你有什么权利存在"这个问题变得确实有一定道理时，"你的生活与我无关"的结论就显得有一种严峻的合理性。

基因增强带来更严重的风险。也许在未来半个世纪内，富裕的父母就能够从许多受精卵中选择最有天赋的，甚至能够将具有最高身体、音乐或智商潜力的基因插入其他普通的DNA编码中。尽管目前还无法证实或否定西尔弗的推测，但没有充分的理由相信，最终不可能添加根本性增强或全新的能力。即使是更温和的愿景也令人担忧。事实上，富裕的父母可以通过确保他们孩子的潜在卓越性，将贵族卓越的神话变为现实。几代人之后，阶级分化可能会被写入基因中，卓越的人一代又一代地保持其显赫地位。在这种情况下，人们很可能会放弃社会平等的目标，转而根据天赋"理性"地分配任务。当然，随着社会分化变得更深入、更容易被接受，人与人之间的道德冷漠似乎也变得更加自然。

即便再退一步来说，这也会对民主和人道主义实践带来不利影响。自由主义者约翰·斯图尔特·密尔认为，受过

第五章 邻居与机器：技术与责任

教育的人的选票应该比下层阶级的选票更重要，而像印度这样的"原始"民族不配得到自治。人与人之间根深蒂固的分歧将导致这种观念改头换面再现人间，不一定是那些制度上的区别，而是深深低估某些群体对民主辩论的贡献。此外，不平等和逐渐减弱的道德关注只会削弱旨在帮助最弱势和最不幸者的制度。在这两种情况下，我们讨论的不是一个新问题，而是对现有问题的恶化。

其他令人担忧的原因与道德情操的微妙特征有关。我们尊重他人道德重要性的核心在于承认他们的生活无法按照我们为他们制定或设计的那样来展开，也只能做出适度的调整。然而，让我们设想有这样一个世界：父母对孩子的预期喜悦可能与繁衍的神秘恩典无关，而与他们所选择的胚胎能够复制其母亲作为钢琴家的职业成就或成为其父亲从未成为的足球明星的保证有关，或者只是因为它"完美"才被喜爱。

对这种可能性的思考凸显了我们在爱的两种方式之间的混淆。我们爱我们创造的事物，主要是因为它们符合我们的计划、设想和愿望。如果我们成功地创造了它们，它们在"完美"这个词的原始意义上就是完美的——完全按照设计完成。我们爱它们，因为它们是我们意志和想象力在世界上的圆满体现。它们向我们展示了我们的愿望和工作，在我们面前逐渐成形、臻至完满。我们渴望爱人的方式则非常不同。我们都是不完美的，永远不会被完成，也不是任何人意志或设计的产物。在最好情况下，我们爱别人并不是因为他们反映了我们的欲望和设计，而是因为他们给予了我们无法创造甚至想象的东西。他们超越了我们，独立于我们，然而有时他们会自愿地来到我们身边。父母爱孩子的本质——无论是最初还是经过艰难学习后——并不在于他们创造了什么，而是在于他们参与了将其带入世界。他们帮助创造了某种必然追求独立于他们之外，但能够自由地爱他们的存在。通过引发这种混淆，生物技术有能力培养最糟糕的冷漠态度。坚信我们自己的欲望是世界的罗盘，而这正是对他人真正尊重的最大障碍之一。我们越是将他人视为实现自己目标的工具，我们就越不容易认为他们在本质上很重要。

玛丽·雪莱[①]的《弗兰肯斯坦》是一个同当下仍具有相关性的故事，描述了一个创造了生命却不能使其成为人类的人。弗兰肯斯坦的怪物是一个可悲、绝望、最终变得残酷的生物，因为它无法进入相互尊重和彼此关怀的世界。

---

① 玛丽·雪莱（1797—1851），英国著名小说家，珀西·雪莱之妻。她在1818年创作的《弗兰肯斯坦》是世界上第一篇科幻小说。

第五章　邻居与机器：技术与责任

这本书的重点是我们的力量可以多么轻松地超越我们的责任能力。它以寓言的方式提出的问题，我们现在必须从字面上去理解：我们能否使创造的生活变得更加人性化。当加快技术变革的步伐，反过来改变我们的生活和社区时，我们创造的生活就是自己的生活。

那么，除它的好处之外，生物技术还危险地助长了我们将他人视为满足我们欲望的工具、按照他们对我们的方便程度进行评估的冲动。它注定会加深不平等，并使其变得更加明显和不可避免。通过这些方式，它有望加速这个时代的趋势。这个时代的特征是相互冷漠和自力更生的迷人幻觉。生物技术可以极大地加速我们的自我实现，但代价却是对人道主义和平等的严重损害。大多数人都没有准备好大规模牺牲这一切。

如果这幅图景是准确的，那么我们应该寻找的不是一条分界线，一个简单明了的公式，而是尽可能清晰地了解任何新的力量对我们基本价值之间微妙平衡的影响。这种观点应该在一定程度上由一些严峻的例子来支撑——西尔弗愉快地呈现给读者的反乌托邦中的至恶，以及许多在短期内可能使我们倾向于选择它的小恐怖。了解基因工程所带来的最大危险是清晰辨别它可能带来的好处的一种方式。

通过技术思考

正是考虑到这一点,我讨论了一个在许多地方已经争论不休的问题。生物技术辩论的前景在于它们集中关注技术对共同生活意味着什么的问题。基因工程的前景使得技术再次成为一个问题,而不是像自然本身一样不可抗拒的力量——这正是李·西尔弗和《连线》的鲁莽态度。我们的任务是将大问题转化为一组指导性问题,并提供一些初步答案。我一直在努力表明,即使在生物技术这个棘手的问题上,这也是有可能的。我希望注意力和智慧也能在其他领域展现出这种可能性。

现在,这一点比以往任何时候都更重要。当我们增强对自然世界的控制力时,随之而来的好处总是伴随着新的危险和责任。我们从背景中引入了另一个活动领域,这个领域维持着我们的生活,而不需要什么思考——也就是我们父辈的格言依然适用的领域——并以我们不总是能预料到、有时甚至无法控制的方式对其进行重塑。从大规模增加产量但耗尽土壤肥力和污染地下水的农业技术,到掌控驱动现代经济但可能不可逆转地改变全球气候的化石燃料,我们很难将前所未有的收益与无法弥补的伤害分开。在每一种情况下,我们都使自然世界,并间接地使我们自己成

第五章 邻居与机器：技术与责任

为权力的对象。现在，我们可以说是直接掌握了自己，没有了中介。与以往相比，维护或改变自然以及所谓的人类境况，都更直接地成为人类智慧和技能的责任。

随着这种责任的增加，我们接受责任的意愿并未与之成比例地增长。总体而言，我们更倾向于接受加勒特·哈丁所说的"内在责任"，即当一块扔出的石头打碎了窗户，或者一辆驾驶不当的汽车撞到了护栏时，我们所经历的那种责任感。我们期待行为的后果是明确而即时的。然而，我们今天所造成的最严重的伤害与此完全不同。它是我们的能源消耗与露天采矿之间，或者我们为自己所用而接受的技术与后代将来所生活的世界之间的复杂关系的结果。我们不习惯以这种方式思考，然而其他思维方式都无法应对我们所造成的范围如此之广的损害。

有几种方式可以应对这个困境。我们可以尽可能严格地规定行动范围，使用可以预测效果的技术；我们可以选择食用食物和使用产品，前提是可以追踪它们的生产方式。然而，这并不简单，即使是在波士顿食用一颗猕猴桃，也涉及两个世纪前不可能实现的一系列技术效应，包括人工肥料、杀虫剂、跨越半个地球运送农产品的柴油船以及冷却超市的空调系统等。我们还可以尝试改革法律和经济体系，使每个人的责任范围更加严格，或者至少更加明显。

举一个简单的例子来说明，想象一下商店里每个产品的包装上都有一个类似于营养声明的环境影响标签。该标签可能包括产品制造过程中消耗的所有燃料、使用的所有毒物以及使用的所有自然资源的估计，还可以描述产品的副产品及其处理方式。为了帮助想象，该标签还可以指出产品对全球变暖、臭氧层破坏或酸雨形成等过程的"贡献"。碳税将传达一些相同的信息，虽然不太明确，但可能更有效。

然而，无论在这些措施中找到怎样的希望，如果我们不发展出一种放弃的观念，就很难应对技术变革。一些重视自己工作的人，尤其是工匠的座右铭是，"我们不应该制造任何不会让我们被他人铭记的东西"。如今这一信条需要补充另一个原则：我们不应该采取、破坏或改变任何希望我们的记忆最终消失的东西。与为我们的成就树立一座不朽的丰碑的想法相反，有一种观念认为，最好的成就可能是我们为了它本身而让它存在，因为我们相信它会比想象中更长久地存在下去。经过几个世纪的技术发展，从蒸汽机到登月舱，我们现在面临的最大挑战是决定不去做我们有能力做的事情。我们将不得不违背当前的便利，因为我们的一时之快可能会给他人带来巨大、无法补偿的不幸。出于共同的原因，我们必须这样做。

第五章 邻居与机器：技术与责任

我们花费了相当多的精力来确定政策和技术对经济、环境和人口的影响。这些当然是重要的事业。但是，如果想要拥有所谓的智慧，也必须问问我们的做法可能会产生什么影响，以及这种前景是否与我们认为适合的样子相一致。也许，只有在制定合理政策的同时，人们有意识地放弃某些自我重塑的愿望并接受人性的快乐和局限性，最佳理想才会蓬勃发展。到目前为止，我们在本质上还是很自然的。从今以后，为了保持人道，可能不得不得出这样的结论：我们都是自然人，并因此变得更好。

第六章

反讽与狂喜

我认为，我们可以安全地相信比我们所做的更多的事情。我们可以放弃对自己的关怀，就像诚实地给予其他地方的关怀一样。

——亨利·大卫·梭罗，《瓦尔登湖》

第六章 反讽与狂喜

这本书呼吁人们继续关注我们一直忽视的事情。本书主张这些事物仍然是必要的,而忽视它们是不明智和危险的。如今,对它们的忽视呈现出多种形式。通常,它始于对世界的阴阳怪气的回避,刻意拒绝公开地信任或希望什么。在其他地方,它源于鲁莽的轻信,拥抱由未经检验的希望绑在一起构成的迷魂阵。有时,这种漠视会从自由职业者的信念中获得支撑,即生活中最好的东西可以在孤独中得到。

对这种忽视的回应是公共责任的新观念,即积极保护我们必须共同拥有,不然最终会完全失去的东西。这一观念回应了一种普遍的看法,即公共生活,尤其是政治,已经变得不再重要;它只会让恶人飞黄腾达,而贬低那些本已渺小的灵魂。这是一个关于公共活动给世界带来的好处以及个人参与其中的重要性的论证。

这种责任观念并不具备20世纪大部分政治活动的非凡特质。它没有解决什么样的生活方式最好或者什么样的活动是正确的问题。它也不是救赎性的；它并不承诺通过把一个小生命拉到社会变革的漩涡中来弥补每一次牺牲，恢复每一处损失，使之成为实现完美的不完美的牺牲品。相反，它在人类的困境中前进，而不是反对人类的困境。它承认人类状况的局限性和复杂性，并寻求在其中航行，拥抱随之而来的固有缺陷和挑战。

这个观念的核心是，如果对公共责任不加重视，任何对我们的困境的回应都是不足够、不成熟或站不住脚的。我们对公共生活的立场表现在工作、人际关系和生活方式对公共事务的影响上。公域是我们所有人依赖的事物，只有超越狭隘的个人利益，才能保护它们。我一直在写几种不同类型的公域，它们以不同方式影响着我们，并需要不同类型的维护。我认为，将它们构想为三类相互关联的生态系统是可信的。其中第一类是人际关系的道德生态系统。它包括人们在家庭、友谊和爱情中相互传递的慷慨、体贴、承诺和勤奋的行为。它通过值得信赖和久经考验的个人榜样所给予的礼物而前进。它的失败表现为自私、轻率以及对义务和努力的漠不关心。它是借由多种方式来实现的：通过父母，他们设法使温和、谨慎的行为成为理所当然的

第六章 反讽与狂喜

预期，而不是相反；通过朋友，他们有原则的冒险使勇气变得可信；通过教师，他们在知识上的严格要求是他们性格的一部分，他们将其传递给学生。

从这个观念出发，我们可以将公共行为看作目的和效果的问题，而不是发生在哪个地方的问题，即传统的公共和私人之间的区别。公共行为的目标是智慧地维护公域以产生影响。养育一个孩子可以是一项公共任务，这不是指受到家庭外的某种政治原则的统治，而是因为父母理解了他们努力传达的东西的重要性和脆弱性。一个让有权势者遵守严格的真实标准的新闻记者也是在履行一项公共行为。他帮助维护政治言论和政治行动之间的脆弱配合，并阻止公共机构向腐败和受人鄙夷的方向滑落。同样，致力于环境保护、人权、社区组织或可信的选举政治的人们也是如此。

这些工作都为第二类公域做出了贡献，即广泛的社会生态系统。这一公域包括影响我们生活形态的制度和实践。这是我们决定是否控制某些类型的基因工程或是否继续确保阿巴拉契亚中部山脉遭到破坏的能源政策的唯一手段。除了为未来做出好或坏的决策，它们还是保护旧有成果的唯一途径。从公民自由到工人组织权，这些成果如果无人照料就会受到侵蚀。将我们引向一个或另一个方向的决定是不可避免的。我们的选择要么是参与其中，要么是让这些决定由私人欲望和公众的漠不关心共同决定。

那些一生中大部分时间都在这些领域工作的人是我们当中最优秀的人，但社会公域的重要性足够大，我们不应该把对它们的维护仅仅留给这些人。它们应该是整个实际的、公共的承诺进一步体现，每个人都应该有份参与其中。公共工作最好不要被视为一种职业，这种观点倾向于为那些选择其他职业的人开脱；而是作为一种愿望，渗透到所有的决定中，无论是关于我们选择的职业生涯，还是关于我们从事职业和生活的方式。

理解政治和公民生活的这种第二类公域的最佳方式是颠倒一种观念，即政治是可以彻底改变整个社会，甚至所有人类经验的支点。对这一想法的失望是我们绝望的讽刺的根源，尤其是当我们未能找到一种令人满意的思考和谈论政治的方式时。摒弃这种观念意味着回归到一种更古老的观念：政治是所有人依赖的公共事务的一部分，我们忽视它只会导致遁世。尽管政治不是我们至高无上的支点，但它是许多决定的基础，而这些决定促使我们保护或破坏公域。

第三类公域是生态学常规意义上的公地，即所有人，无论多么不确定和无知，都与之密切相关的自然世界。自

第六章 反讽与狂喜

然环境的保护或忽视与政治制度的健康状况是密不可分的。反过来，这两者又都与个人行为密切相关。这几个公域相互关联。对它们的责任要求我们着眼于维护公众的关切，并以一种允许我们超越自我并再次回归的方式，从整个生命中汲取养分，以便将其中的一些用于必要的共同事务工作中。

20世纪70年代初，小说家肯·凯西回到了他的家乡俄勒冈州尤金，养育孩子、写作和务农。当时，一位激进的年轻记者采访了他。这位年轻人关切地问道："肯，你为什么不再关心政治了？"凯西非常镇定地回答："你说的不关心政治是什么意思？我正在竞选学校董事会的席位。"对我来说，凯西竞选学校董事会的形象特别令人感慨。现如今，学校董事会并不受到太多赞赏。它们被视为过时甚至稍显可笑的机构，尽管不如城镇会议那么古板，但对一个专业管理的时代来说也没有更多的相关性。更有可能的是，从基督教联盟基层选举活动的图景来看，它们正在为黑客和政治极端分子提供平台。

我从来没有接受过这种对学校董事会的看法，因为学校董事会是我了解公共责任的第一个场所。当我母亲成为学校董事会成员，努力改善我家所在县处于困境中的公立学校时，她卷入了一场关于合并农村小学的全州性争斗。

州政府着迷于一种粗糙的效率观念，制定了一份"规模经济"的清单，即州立学校各年级的最低人口要求。这些标准可能适用于城郊地区，但与一个崎岖不平、人烟稀少的州的实际情况几乎无关。与此同时，西弗吉尼亚州启动了一项大规模的学校建设计划，向其五十五个县的几乎每个县注入资金以用于建设新学校，但前提是它们必须符合规模经济的标准。为此，覆盖西弗吉尼亚州大部分地区的小型偏远社区的数十所学校被关闭，形成了大型的综合中心。如今，成千上万名小学生每天要花两三小时在新建的大型学校和家之间往返。学校兼做社会和公民活动中心的小社区正处于不利地位和彻底毁灭之间。

因此，我母亲努力了八年时间，试图将州的一部分资金用于恢复当地的小学，并为它们配备互联网和卫星技术，以获取来自全美各地的资源。她在县学校董事会任职后，积极参与州立学校董事会协会的活动。她在西弗吉尼亚州首府和州教育委员会会议上待了几周，主张改革政策。她最终去了法学院，部分原因是为了继续从事同样的工作。她的第一篇法学评论文章是关于规模经济标准的。她为西弗吉尼亚州最高法院写的第一份摘要为一项大胆但未成功的诉讼案件提供了贡献，旨在减缓学校合并的速度。

第六章　反讽与狂喜

奉献的不安

我认为我母亲工作的根源是基于这样一个原则：理解依赖是理解义务的关键。这意味着不仅要考虑我们为了自己的便利而依赖什么，还要考虑我们最喜爱的成就、实践和价值观的持续福祉所需的条件。她的努力对我来说是一种提醒，告诉我们为最热爱的事物而努力工作是最远离自我放纵或自恋的事情。有时，这是一种艰难的约束。它提醒我们，当发现周围的事物被忽视或被掠夺时，对任何美好事物的诚实热爱都会让我们感到不安。她对教育的热爱是一种对不安感的奉献。

她热爱教育，是因为她曾经经历了艰难的教育过程。在特拉华州威尔明顿的公立学校和私立学校度过十多年后，除了如何成功应对考试，她什么也没学到。后来，作为一个本科生和研究生，她仍然觉得学习与生活脱节。学术问题有时让她着迷，但它们并没有帮助她理解自己的生活。这些问题似乎既没有产生于也没有回归到那些使普通人的生活充满活力的快乐、恐惧和事业。它们没有带来成熟，也没有带来她可以称之为（除了她避免使用任何道貌岸然的词）智慧的东西。当她离开学术界时，只剩下未完成的论文和从未寻求过的教授职位。

这次离开证实了她对学习与生活之间那道鸿沟的严重怀疑。这也标志着她会付出新的努力,要把二者结合起来。这种希望促使她和我的父亲让我和妹妹引导我们自己的学习,作为非同寻常的自由生活的一部分。他们希望我们从生活中学习,并为生活而学习。然而,就在他们进行这个实验,承担着每时每刻都监督我们这一任务的同时,我的母亲也以新的活力进入公共教育的政治领域。在她努力拯救和改善公立学校的同时,她还努力帮助她的孩子以一种比她认为学校能提供的更好的方式学习。在批评者看来,她前后矛盾。实际上,她以更深层次的一致性为指导:致力于在任何可能的地方支持学习。她对教育的热爱既不始于也不止于对孩子的爱;她对我们的热爱影响了她作为家庭教育者的工作,而她的政治工作则为同样的团结动机赋予了不同的基调。

　　回想起来,我相信我母亲生活中的这个阶段突显了一个要点:我父亲所描述的目标"使世界的一隅尽可能地井井有条",意味着对我们所依赖的事物负起责任。这种责任对我父母来说有多种形式:在他们的私人生活中以罕见的正直履行承诺,同时也在他们选择定居的社区中追求相同的承诺。第一种承诺也许不需要他们在自己的生活之外再做些什么,但第二种承诺则明确承认,没有什么好的事

第六章 反讽与狂喜

物是我们可以单独拥有的。

如今有很多关于"历史罪责"存在与否的讨论。通常，这个词语是被那些反对某种政策（通常是平权行动）的人使用的，他们声称这种政策是基于这样一种历史罪责观念的。无论人们对这一切的判断如何，一个事实是，对某种希望或理想的全身心奉献意味着哀悼其失败，并努力防止失败重演——即使这些失败在一个不完美的世界中是不可避免的。温德尔·贝里写道，他回到了被他的祖先糟糕耕种所毁坏的土地上，"一段破坏性的历史，一旦被认识到，就几乎是一种难以承受的负担。理解它是一种理解上的病症，削弱了效能感并使努力陷入瘫痪，除非它找到了愈合的工作"。贝里总结道，他从事写作和恢复性农业，"是为了确认我的生活是一种体面的可能性"。

我们对于所爱的东西或者那些理解的善好遭到破坏或忽视会感到悲痛。当意识到自己也参与了破坏时，爱会给我们带来几乎超出承受能力的负担。然而，给予负担的爱也是唯一诚实的方式，可以让我们不是摆脱这个负担，而是将它转化为与破坏相对立的建设工作。工作应该肯定我们的生活，尽量使之变得体面，以对抗对其潜在的不体面的敏锐感知。这种将爱转化为责任的炼金术就是对公域的新承诺的核心。

责任与尊严

在我母亲多年的政治工作中,我从未听过她将自己描述为活动家。她是一位母亲和妻子(正如我父亲首先将自己描述为一位父亲和丈夫),一位园艺工、速记员,然后成为一位律师,以及一位对教育深感关切的公民。她对自己的承诺并不幼稚,相反,她可以对自己工作的近期前景以及她在政治中遇到的很多人的品格和动机表达出愤世嫉俗的悲观情绪。然而,她从未想过,愤世嫉俗或其他人令人失望的行为会成为她逃避公共责任的借口。我并不是说将自己标榜为活动家是有失尊严的,但是不需要这个标签也能相信自己的生活包括公共责任,这本身就是一种尊严。这就是对今天的政治走向的一个答案。

"尊严"这个词现在已经很少被使用了。它起源于拉丁语中的dignitas,是指中世纪贵族的头衔或地位。因此尊严一开始并不是指一种品质或成就,而是一种地位。拥有这种地位就能够获得尊重。民主的一部分愿景是赋予每个人一部分尊严,使公民身份意味着成为平等的贵族成员。"人类尊严"的理念是我们现代对人权等理念所作承诺的一部分,它使得这一理念更进一步,主张作为一个人就应该受到尊重。但即使在这些用法中,仍然暗示了一个非常重

第六章 反讽与狂喜

要的观念：尊严不是普遍的事实，而是普遍的可能性。尊严的前提是一种成就，因为它不仅仅是阻止他人剥削或折磨我们（这是人权最狭隘的目标），而是唤起积极的尊重。正如人权捍卫者敏锐察觉到的那样，我们可以被酷刑者、审查者和秘密警察剥夺尊严——这就是中欧的持不同政见者采取行动抵制的羞辱。然而，我们也可以剥夺自己的尊严。我们可以不去实现它。

我们所做的许多事情缺乏尊严，这正是那些阴阳怪气的人所关注的一部分。衍生的短语和情感令人担忧，因为它们使我们显得愚蠢而空洞，对我们自己来说更是如此。《连线》的自我吹嘘和《快公司》对真实性的追求也是出于尊严。它们是对日益尖锐的问题的绝望回答：什么样的生活可以让我们认真对待自己。必须说，他们的回答中的幻想元素并没有给予他们任何尊严。

任何人，尤其是年轻人[①]，在接受如尊严这样的个人道德观念时必须保持警觉。公众中那些美德的倡导者无法摆脱这样一种看法，即他们正在自吹自擂地宣传自己的美德，而这已经超出了合理和体面的程度。此外，一种像尊严一样的观念越是与一个人的生活和品格紧密相连，就越是让

[①] 作者写作本书时年仅25岁。

人怀疑对它的洞察只有在漫长的生命旅程中才能实现。我确信这两种危险都是真实存在的。然而，我想要提供的是一个暂时的报告，不是关于我的生活，而是关于我所钦佩的那些努力过好生活的人。他们经历了几十年的成功和失败，依然坚持着对这一目标的不断发展的理念。我认为在他们的生活中看到了尊严，所以我可以尝试说出我看到的是什么。

我观察到的尊严与承诺、知识和工作的和谐有关。承诺涉及清楚地认识到一个人致力于什么，以及一个人认为应该如何生活。最简单的让人失去尊严的方法就是默认接受来自当天广播信号的混乱观念。一个具有这种不加批判的接受性的人，几乎无法真正与他人相处；而当我们无法感知到他人带有意向性的承诺时，我们开始怀疑自己是否在与人交谈。相比之下，一个终身政治家对"受伤的人民"的奉献、温德尔·贝里决定从事"可能性中体面的生活"的工作，都展现了了解自己目标的力量。在这方面，尊严取决于道德的清晰性。

然而，这还不够。道德清晰而不了解具体事物是狂热分子或者更常见的善意而无能的人的状态。很难确定哪一种更危险。我所见到的尊严显然涉及以赛亚·伯林的"现实感"概念，即准确地察觉自己所处的位置，以及那里存

第六章 反讽与狂喜

在的可能性和禁忌。如果对一个提议的回复不仅仅是"听起来不错",而是"那是真的"或者"那行不通",这就是一项伟大的成就。后者出自一个对自己的领域了如指掌的人。他能感知到可能性的细微差别,危险的范围和程度,以及对那些无法完成的事情的顽固的确定性。他对周围发生的事情有着特殊的感知。他知道一个事件的意义,无论它是宣示了一种新机遇还是打消了一些希望。他明白一个行动可能会产生的结果,无论是好是坏。他经常凭直觉知道人们为什么会这样做,而不会在关于他们动机的混乱理论中挣扎。他尽可能清楚地意识到自己的动机、能力和局限性。

缺乏这种知识实际上是缺乏一种生活能力,会导致我们把自己的困惑误认为是现实。它意味着把世界想象成一个剧场,里面的演员全是自己的欲望、恐惧、快乐和厌恶。这正是道德化的可耻之处。道德家将他人的种种缺点,尤其是特别吸引他的那些,夸大到一种程度,使其复杂的恶劣掩盖了它们的矛盾和困惑。他对悖论麻木不仁,尤其是对自身与他所谴责的所谓罪恶相牵连的悖论,无论是单纯地着迷,还是以更复杂的方式。他就是切斯瓦夫·米沃什在《被禁锢的头脑》中费力地试图克服的形象。在这里,不必谈论天使,也不必谈论布鲁斯·巴比特在霍贝特21号煤矿的事情。

获得现实感往往意味着调整自己对道德明晰性的主张，或者更确切地说，理解准确的感知可以使曾经显而易见的区别变得复杂，并阻止自以为是的冲动。现实感也会调节一个人的实际愿望，即对世界施加改变的追求。然而，它留下的是经过调和的、净化了一些杂质并变得坚固耐久的东西，从而可以成为一个人的终生事业的根基。正是这种维持"对真实的热情追求"的基础，使米沃什得以与一代道德家相遇并超越他们。

活动、工作的概念是最重要的。在这里，承诺和知识要么得到表达，要么回归到纯粹的良好意图。一个人的工作使他的目的具体化：赋予其形状，赋予其由思想转化为现实的项目和产品的历史。我们知道，这是我们受到考验的地方，目的的严肃性和知识的充足性在这里得到普遍评估。如果一个人的生活形态背叛了他所宣称的承诺，那么他所宣称的原则与行动之间的差距是毫无疑问的。然而，同样重要的是，当活动既代表目的又代表理解时，它所呈现出来的实质性内容。承诺和知识的结合产生了有尊严的工作。

我通过工匠的概念来思考这种成就，或许是因为我很了解工匠，并且钦佩他们的工作，或许是因为他们扎实的

第六章 反讽与狂喜

劳动将思想与可靠的事物联系在一起。他们持久的尊严源于这样一个事实：他们的工作在其过程和目的上对他们来说都是光明的。他们了解所使用的每种工具的用途，其中许多是他们自己可以制造或修理的。他们可以判断材料的质量，因为他们了解这些材料必须为产品做出什么贡献以及如何做出这种贡献。因为他们也了解产品的用途，所以清楚如何制造出好的或差的产品。

我所见到的尊严是对以下问题的答案的部分实现：一个人要过什么样的生活才不枉此生？试图回答这个问题既涉及言辞，也涉及生活；既包括表达承诺，也包括表现出有能力和良好的行为。本书的重点是，引导我们工作的目的和知识有时也应该引领我们为公共事务工作。只要这些事物是我们热爱的源泉，并构成了我们热爱的持续条件，尊严就要求我们承认公域的存在。这种承认意味着我们要充分了解我们热爱的事物，同时也要了解我们的热爱将使我们卷入维护或贬低所热爱的千千万万事物的福祉之中。这是一种实际的奉献。它推动我们迈向行动，即使这种行动并不总是清晰明了的，但它本身也具有一定的分量和光芒。

事物的充足性

因此，一种有尊严的生活可以为私人生活与公共福祉之间的困难关系提供负责任、认真和诚实的鲜活的辩护。反讽文化的一个优点是，它不允许真诚的宣言变得廉价：谈论崇高的目标，而不仅仅是异想天开的人需要成为那种有希望实现这些目标的人。对公共生活的怀疑并不是通过一纸声明来回应，而是通过将公共责任作为自己不可或缺的一部分来回答。确立公共事物的必要性只是反对生活圈闭和持续讽刺所带来的社会退缩和心灵退缩的一半论据；人们还必须证明承担责任是可行的。对绝望的完整回应不仅仅是唤起希望，更是创造希望。

按照这种生活方式生活的人们维持了我所说的道德生态系统。通过展示某种生活方式的可能性，他们邀请其他人以同样的方式生活。可能性的活生生的证明对想象力提出了要求，这种要求可以转化为对行动的要求。它召唤我们走出自我的舒适圈。我们通过这些榜样来塑造自己的生活，因为通过他们，我们看到了自己可能成为什么样的人，并认为这是美好的。如果没有这些榜样，这种生活方式的可能性将从我们身边溜走。我们内在的一切美好都曾经存在过，并且几乎都是直接来自身边那些通常以安静的方式

第六章　反讽与狂喜

教导过我们的人。他们让我们一起参与其中，就像教授一门手艺、一种舞蹈或者一个地方的知识一样。

这些生活方式是给予我们情感、能量和思考以形式的纪律的源泉。它是一门博学的学科，是通过与那些生活表现出其目的的人相识而发展起来的。这些人用血肉之躯和努力阐释向我们展示了道德论点。通常情况下，只有了解他们，我们才能自信地谈论他们所体现的理想。如果我们没有遇到这样的生活，这些理想就可能变得无法言说。切斯瓦夫·米沃什令人不安地观察到，未能说出的事物倾向于不存在。我们还需要补充说，不存在的事物往往会陷入沉默或喋喋不休——就像反话或天使那样。

最重要的是，这些人向我们保证，现实世界并不是什么可以逃避的东西，它有时充足又美好。《连线》和《快公司》之所以如此吸引人，是因为它们对平庸的蔑视，坚持认为只有它们的公式才能赋予生活以活力和刺激。本着同样的精神，虽然以一种截然不同的语气，但天使和"复魅"的故事表明我们熟悉的世界是不充分的、干燥的和厌倦的。他们与那些阴阳怪气的人一样，都缺乏对世界的耐心；但是自由职业者和天使观察者反抗了世界的不足，而阴阳怪气的人则默认了它。叛逆者相信幻想既必要又有效，只有它才能让生活值得我们关注。相反，自诩为现实主义者的人认为，没有什么能让生活值得认真关注。在这种情况下，美好的生活为现实的充分性提出了论据。它们认为我们的存在有其局限性、纷扰，以及必要的依赖和失望，但我们不应该逃避，而应该比我们最近的做法更仔细和更尊重地去思考。这种思考可能表明，平凡的生活——世俗生活——拥有更多美好的事物，而美好的部分原因在于它是必要的，超越任何幻想所能提供的。它促使我们将道德想象力重新调整到眼前的事物上。

实现这一目标的方法之一是通过反话中的模糊性——这个词在本书中一直萦绕不去。从教科书的意义上来说，反讽是指在陈述或经历中出现的预料之外的含义，一种与显而易见的意义相反的意义，而且比字面上所说的更重要。当代的阴阳怪气则将意义抛在脑后，怀疑并重新组合意义，削弱了词语所具有的召唤力、美感和道德分量。它发现意义的表象背后其实是无足轻重的事实。这是一种静态的讽刺，是一种对邻居、世界和我们自己不为所动的方式。

然而，还有一种反讽，它发现了一种不同类型的意义。它在通常被认为不重要或平庸的事物中揭示出令人惊讶、愉悦和敬畏的东西。它所揭示的比对现实的反叛所产生的更丰富，最重要的是，它是现实的。这种反讽是令人欣喜若狂的，从词源学的严格意义上来说，能把我们从停

第六章 反讽与狂喜

滞状态中拉出来。它是探索的反讽,它让我们动容。

我的父亲告诉我,在晚上,他看着我的母亲在我们的花园里忙碌,弯腰照顾她的西红柿。偶尔,她会眯起眼睛或用弯曲的手指戏剧性地做出手势。他说:"那时,我知道她刚刚表达了一个观点。"她在那里进行最清晰的思考,分析论点,解决问题,同时拔除杂草,抖落根部的泥土,将其扔进堆肥堆。我有时想,在她离开哲学研究生课程并与我的父亲一起来到西弗吉尼亚州之后的许多年里,肯定抗拒过思想和泥土的结合。思想对于绊倒它的盘根错节的根部、弄脏它的泥浆以及将它束缚于一个地方和例行事务的无尽任务心存怨恨。思想需要享受清洁的特权,以及离开的自由。然而,她成功地将自己的思想完全融入泥土、生长的事物和当地的劳动。她曾经可能被思想带走,但现在思想成为她留下来的方式。她的思想形式是对于自己所在之处的关心、对它的热爱和对其未来的担忧,以及对维护它所需的工作的全心奉献。

她并不孤单。我在西弗吉尼亚州认识一些人,他们每年都会抽出一个月、两个月或三个月的时间致力于环境和其他政治事务。其中一些人已经成为该州在采矿、有毒化学物质和垃圾填埋等领域最具专业知识的专家。他们是那些年复一年地抵制露天采矿的人。他们经常出现在州议会大厅和环境保护部的会议室里。然而，当我想起他们时，我看到的是他们各得其所，在他们建造的墙篱之间，在树木、灌木中，在蕨类植物、草本植物和野花中。正是他们对这些生命之地的喜爱推动着他们的工作。他们的生活过得足够好，足够周到，能够支撑起一项公共事业，其中回报更多的是履行责任的知识，而不仅仅是赢得胜利的满足感。他们对自己熟悉的地方的关心促使他们超越这些地方，以保留关心自己和他人生活的可能性。

虽然我比他们年轻，但我也有过类似的经历。如果不去想象我从小长大而且至今还在其中驻留的农场遭到破坏，想象它的斜坡被剥离并倒塌，我就无法理解破坏。如果没有看到那些饱经摧残的山丘上依然存在的生机，并考虑要维护它需要做些什么，我就无法想象守护的重要性。在我看来，那里的体力劳动——挖掘、劈柴、用镰刀收割——是我所知道的最必要的，甚至是最真实的。我可以连续工作好几天，然后恢复过来。它永远让我感动。

在大多数人的心目中，西弗吉尼亚州与我所描述的情景相去甚远。这是一个缺乏文化、教育和财富的地方。这是一个贫穷、匮乏、几乎一无所有的地方。这是人们对西弗吉尼亚州的预期。我所描述的这一点是出乎意料的，却是真实的。它的真实性在认知中显现。这是通过将自己投

第六章 反讽与狂喜

入一个地方、一种职业、一项劳动或一份热爱中而获得的知识。这是一种自我的奉献。

在奉献自己、接受责任的过程中，我们培养了一种特殊的感知能力。这是一种看待事物之间复杂的相互依赖关系，并理解我们最重视的东西是如何蕴藏在这个网络中的习惯。承认这种依赖的必然结果是一种感激和惊奇，感激和惊奇于为维持使我们感到愉悦的事物所付出的努力。在这种状态下，有时理解和惊奇可以一同增长。同时，这也是一种我们清醒地认识到我们的破坏能力和忽视的力量的方式。它提醒我们，破坏性的遗产是无法承受之重，也提醒我们限制在破坏中的作用的重要性。认识到这一点，可以帮助我们跨越冷漠和明智的奉献之间的鸿沟。我们可以通过某种深入其中的方式来认识事物，促使我们适应事物的形式和要求。这可以被称为一种虔诚的知识，其中知识加深了爱的智慧，并使其更适合现实。

通过看到事物如何交织在一起，我们揭示了使奉献变得可理解的依赖的结构。我们可以通过剥离、消解性的反话，或者通过抛弃以前的一切并宣布私人的自给自足的冲动来消除这种愿景。最终，这两种选择都会导致同样的匮乏，因为它们都同样缺乏滋养。当拒绝这两种选择时，我们会努力保持事物的一些完整性，包括我们共有的事物，因为我们会被它们感动。因为我们专注于它们的完整性，它们有时会再次感动我们。

爱默生在公共和知识生活中区分了"回忆派"和"希望派"。这种区分在今天并不适用。愚蠢的乐观主义和懒散的悲观主义同样忘记和忽视了我们赖以为生的一切以及随之而来的责任。在这样的时代，希望部分来自回忆，将我们已经失去或可能失去的东西收集起来。改善公共生活仍然具有巨大的可能性。保存——包括保护公共生活本身，是其重要性所在。如果希望派不能成为回忆派，就无法在今天继续存在。

今天我们需要一种思想和行动方式，它虽然鲜为人知，但仍然是可能的。这种方式旨在保护我们在世界上最喜爱的事物，并防止我们忘记爱所需要的东西。这是一种用边际来对抗无边无际、用赢得的希望来对抗偶然的绝望、用责任来对抗漫不经心的运动。如果它显得保守，那是因为我们开始忘记改善所需的条件。如果它显得激进，那是因为我们忽视了保护所需的条件。个人实践和公共事业的共同根源是维护一个自然和社会的世界，促使我们参与和保护它，以及能够被如此感动的人性。这是一项缓慢而不间断的工作，其基础和目标都令人欣喜若狂。

后　记

当这本书于 1999 年的秋天首次出版时，它引发了超出预期的关注和争议。作为一场小小的公共事件，它不可避免地获得了一些与我的初衷不尽相符的声誉。鉴于平装本的读者必然会在这个背景下来阅读本书，我想趁机谈一谈在写作时我是如何理解本书的，以及当下我又获得了哪些新的理解。

对我来说，最重要的是我在写作时所怀有的精神。令我深感遗憾的是，这本书让一些读者读起来感觉像是一篇论战的檄文，是身在其外的作者对一种文化的抨击。我给他们留下了在道德层面自命不凡乃至于装模作样的印象，流露出一种作者自以为能够脱离他所描述的事物而高高在上的道德傲慢。

如果这本书的写作目的仅仅如此，那它根本不值一写。我相信文化观察家，尤其是其中的批评家，必须参与到他们所描述的事物中。他们需要有所归属，尽管他们的批判视野可能只有在他们不完全身在其中时才可能出现（这并不是什么特权，大多数人无论在哪里都不会完全从属于某种事物）。我确实是出于对我描述的当代文化各个方面的同情和参与而写这本书的。与前言中田园牧歌般的回忆带给人的印象相反，我的童年和青年时期主要是当代的，虽然充满了溪流、树木和旧书，但也有《星球大战》、军事玩具和少年棒球联盟①，以及年纪再大些时所有常见的青春期经历。在前言中，我强调了自己成长过程中与众不同的部分，因为我认为这就像任何人的独特经历一样——是一种宝贵的资源，而不是我认为它比别人的青少年时期更加非凡。

我也并非要将自己展示为个人美德的典范。相反，我像大多数人一样，具有讽刺、轻信、雄心勃勃、放纵和自负等特质。由于其中一些特质是相互矛盾的，我也并非自洽。谢天谢地，不然的话，我就没有办法聪明地写出有关这些品质的任何内容。我写作的目的不是说："看！那些是坏人！"而是："这就是我们所有人都身在其中的处境。我

---

① 少年棒球联盟，又称世界少棒联盟，是美国的一个非营利运动组织，负责组织当地的棒球、全球运动并将其推广到世界各地。

后 记

们应该怎么办呢?"

这正是书中另一个让部分读者和评论家感到困惑之处的缘由:它是一本充满政治关切的书,但并不支持或试图提出一个政治纲领。直到我在《纽约时报》的两篇书评中看到评论者轮番指责我既支持对化石燃料排放征税,又反对同一项税收时,才意识到自己引起了多大的困扰。事实上,我两者都没有做。显然,他们在书中费尽心思寻找的是一些并不存在的东西。我们美国人喜欢让论点来得简洁有力:十二个步骤、七个习惯、一份蓝图、一个计划。无论事关个人生活还是公共生活,我们都喜欢实用指南和自助书籍。

一本没有纲领的政治类书籍有什么用呢?在这种情况下,我希望探讨人们对政治本身所怀有的矛盾情感的根源。当政治言论自然而然地受到怀疑——不仅仅因为其中颇多空话——这种怀疑便附着在每一个纲领和政策上。它形成了框架,并渗透到其他一切当中。在能够谈论现实政治之前,我们必须了解政治文化以及作为政治发生背景的更广阔的文化语境。这就是为什么在第四章中,我花了一些时间讨论为何所谓的碳税概念在许多方面是一个令人钦佩的想法,但同时也很难被严肃地对待。一个作家所希望做出的贡献中,有一半以上在于正确的描述。

在完成这篇后记之前，我还是要再谈谈反讽。这本书引起的关注都集中在这个主题上，有时甚至排除了其他一切主题。这让我感到有些讶异。我在书中讨论反讽时，是指某种非常具体的东西——当代一种带有冷嘲色彩的超然态度，避免认真严肃地对待任何人或事物，并且很容易演变为冠冕堂皇的讥嘲。我将这种态度视为将我们同身边真实发生的一切进行分隔，从而避免直面世界的几种方式之一。这是一种教条式的怀疑主义，一种不经思考或审查就轻易否定一切的立场。当然，没有人可以在生活中永远阴阳怪气；但只要我们以这种方式行事，就不会取得进步。

然而，这种态度远远不能穷尽"反讽"一词的含义。这个词有着丰富而复杂的历史。它一直代表着一种感觉，即人和事物具有双重性甚至矛盾性：它们既可靠又背叛，既善良又堕落；根据环境、一时的心血来潮或观察者的情绪，它们可以是无价之宝，也可以一钱不值。成功的讽刺家同周遭的一切保持足够的距离，以便尽可能地看到其中的差异；因为他能够将它们与它们的近亲区分开来，所以能避免陷入背叛、堕落和一文不名之中。他也认识到，他自己身上包含了所有最好和最差的品质，而且这些品质的变化使他成为他自己怀疑的合适对象。他还意识到自己身上包含着所有最好和最差的品质，而这些品质的变化使他

后 记

成为自己怀疑的适当对象。

这种讽刺家,就像我的英雄米歇尔·德·蒙田(我在第二章中讨论过他)一样,运用他的反讽如同使用一把利刃,能够切分出理性和无稽之辞。他能分辨出皇帝何时赤裸裸、何时珍珠被丢给猪①、何时蠢驴被赞美。他知道何时他自己是那头不值得被赞美的蠢驴。此外,在意识到这一切之后,他既严厉又宽容:就他敏锐的洞察力而言是严厉的,在接受世界必然不完美,并且不完美总比被诅咒更好的态度上则是宽容的。这种讽刺家是伪君子和狂信徒的永恒敌人——他们错误地对自己的善良过于自信,或荒谬地认为他们的想法是唯一的真理。他还是虚无主义的敌人(这常常被忽视)。讽刺家并不相信万事皆虚。相反,他尽可能谨慎地只信仰那些值得他相信的事物。对他来说,毫无反思的怀疑主义——对一切事物和人都抱有教条式、轻率的怀疑——和张口结舌的轻信一样幼稚而不足。

这种讽刺家态度的核心是与柏拉图笔下的苏格拉底有关的一种思想:人类最高尚的愿望永远无法在此世得到圆满的实现。我们最渴望的事物——无瑕而普遍的爱、完美

---

① 该典故出自《新约》。由于猪不能识别珍珠的价值,所以会践踏珍珠,与汉语中的"暴殄天物""对牛弹琴"等成语含义相近。

的正义、纯洁的善——也正是无法实现的事物。然而，如果停止对它们的渴望，我们将会变成更低等的生物——更加顺从，更加缺乏可能性，更倾向于绝望。让这些愿景保持活跃、甚至有时能将它们转变成未来可能的唯一方式，就是保持一种严厉的凝视，使愚蠢的振奋和简单的幻想凋零，以便更可行的愿望可以继续存在。尽管我（像任何讽刺家一样）对自己的这些宏大的措辞感到难堪，但我仍认为这是反讽的好处。我认为我们需要更多这样的东西，而最先要对付的应该是当代的阴阳怪气，它无所不在，通常粗鄙不堪。我想与这种更古老、更优秀的反讽同在，也想与如今传承这种精神的讽刺家们同行。

原书参考书目

前 言

Mann, Thomas, as quoted in W. B. *Yeats:Selected Poetry*. Ed.Timothy Webb. London: Penguin, 1991.

第一章 遁 世

Allison, Dorothy.*Bastard Out of Carolina*.New York: Plume, 1992.

Carter, Bill. "Seinfeld Says It's All Over, and It's No Joke for NBC." *New York Times*, 26 December 1997, sec. A, p. 1.

Coupland, Douglas.*Generation X*. New York: St. Martin's Press, 1991.

—.*Life After God*.New York:Pocket Books, 1994.

Emerson, Ralph Waldo."Self-Reliance," in *Ralph Waldo Emerson*. Ed. Richard Poirier. New York: Oxford University Press, 1990.

Freud, Sigmund.*Introductory Lectures on Psycho-analysis*. Trans.James Strachey.New York: Norton, 1996.

Goldman, Karen. *Angel Voices: The Advanced Handbook for Aspiring Angels*. New York: Simon and Schuster, 1997.

Kelly, Kevin. "What Would McLuhan Say?" *Wired*, issue 4.10 (October 1996).

Marx, Karl. *The Eighteenth Brumaire of Louis Bonaparte*. New York: International Publishers, 1994.

McCourt, Frank. *Angela's Ashes: A Memoir*. New York: Scribner's, 1996.

Moore, Thomas. *Care of the Soul: A Guide for Cultivating Depth and Sacredness in Everyday Life*. New York: Harper-Collins, 1994.

—. *The Re-Enchantment of Everyday Life*. New York: Harper-Collins, 1997.

Muoio, Anna. "Boss Management." In Fast Company [online]. Available at http://www.fastcompany.com/online/resources/unitofone.html.

Peters, Tom. "Brand You." In Fast Company [online]. Available at http://www.fastcompany.com/brandyou/story.html.

Pink, Daniel H. "Free Agent Nation." *Fast Company*, issue 12 (December 1997): 131.

Regis, Ed. "Meet the Extropians." *Wired*, issue 2.10 (October 1994).

Schueman, Helen. *A Course in Miracles*. New York: Viking, 1996.

Sterling, Bruce. "Greetings from Burning Man!" *Wired*, issue 4.11 (November 1996).

Taylor, William, and Alan Webber."What's Fast?"*Fast Company*, issue 20 (December 1998): 16.

Terry, Sara. "John Norquist." *Fast Company*, issue 20 (December 1998):158.

Thoreau, Henry David. *Walden*. New York:Random House, 1983.

Weber, Max."Science as a Vocation."*From Max Weber*.New York:Oxford University Press, 1946.

Wilde, Oscar, as quoted in Lionel Trilling, *Sincerity and Authenticity*, Cambridge: Harvard University Press, 1973.

Wired (introductory quote), issue 2.I0 (October 1994).

第二章 政治的失能

Baker, Peter. "Clinton Calls for Dialogue on Race." *Washington Post*, I5 June 1997, sec.A, p.1.

——. "President Mulls National Apology for Slavery." *Washington Post*, I6 June 1997, sec. A, p. 1.

——. "Clinton Calls a Summit on Internet Smut: Voluntary Plan Urged to Protect Children." *Washington Post*, I2 July 1997, sec. A, p.6.

Clinton, Hillary.Lecture delivered at the University of Texas, Austin, 6 April 1993.

Glazer, Nathan. "In Defense of Preference." *The New Republic*, (6 April 1998): I8-20.

Harris, John F. "A Presidential Push for Helping Hands: Past, Present Leaders Open Volunteer Summit." *Washington Post*, 28

April 1997, sec. A, p.1.

Marx, Karl. *The German Ideology*. New York: International Publishers, 1978.

Montaigne, Michel de. *The Essays*. Trans.Donald Frame. Stanford:Stanford University Press, 1995.

Orwell, George. "Why I Write, " in *The Orwell Reader*.New York: Harcourt Brace, 1984.

Rousseau, Jean-Jacques.*On the Social Contract*. Trans. Judith R. Masters. New York: St. Martin's Press, 1978.

第三章 公共实践

Berry, Wendell. "A Native Hill, " in *Recollected Essays, 1965-1980*. San Francisco: North Point Press, 1981.

Hardin, Garrett. "The Tragedy of the Commons."*Science*, issue 168(1968): 143-48.

Havel, Vaclav. "Politics and Conscience, " in *Open Letters:Selected Papers*, ed. and trans. Paul Wilson. London: Faber and Faber, 1991.

——. "The Power of the Powerless, " ibid.

Macerewicz, Antoni. Personal interview, Warsaw, Poland, June 1998.

Michnik, Adam. *Gazeta Wyborcza*, 23 March 1993.

Milton, John. *Paradise Lost*. New York: Norton, 1975.

Murray, Charles. *What It Means to Be a Libertarian: A Personal Interpretation*. New York: Broadway Books, 1997.

第四章 土地法：政治选择与关注

Babbitt, Bruce. Address delivered at the Hobet 21 coal mine in West Virginia, 3 August 1996.

McGinley, Patrick. Personal interview, West Virginia University, May 1998.

Milosz, Czeslaw. *The Captive Mind*. Trans. Jane Zielonko. London:Penguin, 1981.

Personal interview with anonymous OSM officer, May 1998.

第五章 邻居与机器：技术与责任

Frost, Robert. *The Poetry of Robert Frost*. Ed. Edward C. Lathem, New York: Henry Holt & Co., 1987.

Kelly, Kevin. *Out of Control: The Rise of Neo-Biological Civilization*. New York: Addison-Wesley, 1994.

Kitcher, Philip. *The Lives to Come:The Genetic Revolution and Human Possibilities*, 209-15.New York: Simon & Schuster, 1996.

Levinson, Paul. "The Extinction of Extinction." *Wired*, issue 1.04 (September-October 1993).

Silver, Lee M. *Remaking Eden: Cloning and Beyond in a Brave New World*. New York: Avon Books, 1997.

Simpson, Roderick. "Cloning. Problem? No Problem." *Wired*, issue 5.09 (September 1997).

Thoreau, Henry David. *Walden*. New York: Random House, 1983.

致　谢

如果没有《美国展望》的鲍勃·库特纳和保罗·斯塔尔的鼓励和支持，没有哈佛大学普拉塔普·梅塔富有洞察力的指导，或者没有布雷迪·凯斯、大卫·格雷沃尔和西德尼·奎拉姆的友谊和启发，这本书就不可能写成。

我还要感谢德国马歇尔基金会的史蒂夫·格兰德让我能够在中欧度过这段时光，并感谢阿什·格林、莱拉·阿克和马可·西蒙斯的明智编辑。